LES COMPTES

DU

GOUVERNEMENT PROVISOIRE

ET DE

L'EXERCICE 1848,

PAR M. SIMIOT,

EX-CONSTITUANT.

PRIX : 1 FRANC.

BORDEAUX,

IMPRIMERIE LANEFRANQUE, RUE MONTMÉJAN, 40.

1851

LES COMPTES

DU

GOUVERNEMENT PROVISOIRE

ET DE

L'EXERCICE DE 1848,

PAR M. SIMIOT,

EX-CONSTITUANT.

BORDEAUX,

IMPRIMERIE LANEFRANQUE, RUE MONTMÉJAN, 40.

———

1851

INTRODUCTION.

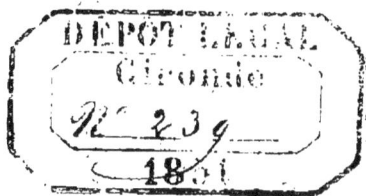

Depuis la publication des articles de M. Simiot sur les comptes du Gouvernement provisoire, l'administration de la *Tribune de la Gironde* a reçu, de divers points de la France, de nombreuses demandes des numéros où ce consciencieux travail de notre collaborateur a été publié.

Quelques-uns de ces numéros étant épuisés, nous n'avons pu répondre aux demandes qui nous étaient adressées.

Tout récemment, la presse *honnête* a profité de l'occasion que lui donnait le nouveau rapport de M. Théodore Ducos, pour reproduire contre le Gouvernement provisoire les misérables calomnies à l'aide des quelles elle avait réussi, il y a trois ans, à inspirer à beaucoup d'honnêtes gens crédules, ignorants des faits politiques, les répulsions les plus injustes contre la République et contre ses fondateurs.

Depuis les premières éditions de ces ignobles diatribes, bien des yeux se sont ouverts à la lumière de l'histoire impartiale; mais les honorables serviteurs de la réaction anti-républicaine ont pensé, sans doute, qu'avec un redoublement d'audace et de perfidie dans leurs formules calomnieuses, ils réussiraient encore à soulever quelques noires vapeurs autour de la probité des hommes qui ont guidé les premiers pas de notre jeune République.

A ces calomnies opiniâtres il faut opposer incessamment une réfutation sans réplique, fondée sur des faits incontestables, sur des documents officiels et sur des déductions logiques éclatantes de justesse et d'honnêteté.

Tel est, et nous le disons sans craindre aucune contradiction sérieuse, tel est le caractère de l'écrit que nous réimprimons aujourd'hui.

Membre de l'Assemblée constituante, où l'inflexibilité de ses principes et son zèle à remplir ses devoirs de représentant lui avaient fait une situation des plus honorables, M. Simiot a été en mesure d'éclairer sa conscience sur les hommes et sur les faits politiques de 1848; ses recherches minutieuses et ses vérifications personnelles ont corroboré chez lui la conviction que lui donnaient déjà tous les documents officiels.

Les articles de M. Simiot, publiés dans la *Tribune*, ont dissipé bien des préventions injustes. Nous espérons que, réunis en un volume d'une lecture et d'une circulation faciles, ils achèveront de faire justice de ces accusations d'improbité vaguement dirigées contre les hommes du Gouvernement provisoire. On rencontre encore parfois des gens qui ont, de très-bonne foi, la prétention d'être des gens honnêtes et éclairés, et qui n'hésitent pas à lancer des accusations tranchantes sur les concussions du Gouvernement provisoire. Eh bien! le travail de M. Simiot en main, tout républicain pourra se donner la satisfaction de fermer la bouche à ces calomniateurs par ignorance, et leur apprendre à se défier des insulteurs subventionnés ou simplement *encouragés*, sur la foi desquels ils forment leur opinion.

Encore un mot d'explication.

La partie de ce travail qui traite des comptes spéciaux du Gouvernement provisoire a été publiée en novembre 1850. — Ce qui concerne le rapport de M. Ducos sur les comptes de l'exercice entier de 1848 (les deux derniers articles) vient d'être publié en juillet 1851.

La déclaration de la Cour des Comptes, qui fait l'objet du dernier rapport de M. Ducos, n'a que très légèrement modifié les chiffres du premier rapport, et, par conséquent, elle laisse entières les premières appréciations de M. Simiot.

Voici l'explication de ces légères différences de chiffres que le lecteur pourra remarquer : les premières observations ne portaient que sur les dépenses faites du 24 février au 11 mai 1848, tandis que les dernières s'appliquent aux dépenses de toute l'année.

L'excellent travail de notre collaborateur prend un intérêt tout particulier d'actualité au moment où la discussion va s'ouvrir sur tous les actes financiers de cette année 1848.

Eugène TANDONNET.

Bordeaux, 23 juillet 1851.

LES COMPTES

DU GOUVERNEMENT PROVISOIRE.

—

§ I.

« —Calomniez ! calomniez ! il en restera toujours quelque chose ! »

Ce beau précepte de Bazile en soutane a été
entendu de ses successeurs en paletot et en gants
jaunes. Depuis la République, ils ont calomnié
« *à dire d'expert* » et ils calomnient encore.

Sur la foi de tous ces hommes *honnêtes et modérés*, beaucoup de gens ont cru fermement, pendant quelque temps, que les membres du Gouvernement provisoire de la République française
avaient pillé le trésor public, s'étaient partagé
tout l'encaisse du trésor, et avaient dilapidé le
reste, sans oublier les diamants de la couronne,
qu'à l'exemple de Louis XVIII, ils s'étaient em-
pressés d'emporter royalement...... Leur avidité
insatiable avait englouti même le produit des funestes 45 centimes imposés, disait-on, afin de
subvenir aux scandaleux traitements des minis-

tres, et aux fameux 40 francs par jour des commissaires!... M. Ledru-Rollin, surtout, le principal auteur de la révolution, ne pouvait manquer d'être l'objet des principaux mensonges. Ainsi, c'est lui qui avait volé la plus grande partie des 300 millions écus laissés dans l'épargne par Louis-Philippe : c'est avec ces millions qu'il avait payé ses dettes, et qu'il avait acheté des palais sous le nom de sa femme !

Tout cela a été imprimé vingt fois, trente fois, cent fois dans toutes les feuilles *de tolérance,* et notamment à Bordeaux dans ce journal *honnête et modéré* dont la véracité a été méconnue si cruellement à Paris par les hommes importants du parti.

Tout cela, cependant, a été démenti officiellement depuis longtemps par des documents authentiques ; mais le *Courrier de la Gironde* ne s'arrête pas ordinairement pour si peu, et croyant avoir trouvé une nouvelle occasion de faire briller les fleurs de sa rhétorique, il disait encore, il y a peu de jours, dans son langage de bon ton et en parlant de ce qu'il appelle « *les boustifailles* » de cette époque :

« M. Ledru-Rollin et ses complices *ont pu escamoter*
» leurs comptes ; M. Marrast a pu brûler ses notes ....
» Voici *tous* les membres du Gouvernement provisoire
» émargeant 80,000 fr. chacun à titre d'honoraires.. ».

M. Crugy, qui signe ces belles choses à Bordeaux, est secrétaire du comité de journalistes honnêtes et modérés prenant le titre de *Congrès de Tours* et présidé par M. de Nouvion, grand défenseur, comme on sait, de la famille et de la

propriété. Or, le secrétaire ne faisait que précéder
d'un jour ou deux son président, qui, dans le
Courrier de la Somme, digne émule du *Courrier-de
la Gironde*, nous dit, si l'on en croit le *Mémorial :*

« *Nous savons* déjà qu'en quittant le gouverne-
» ment, M. Ledru-Rollin était, au 22 février, dans
» une véritable détresse... Heureusement, par com-
» pensation, Madame Ledru-Rollin *était devenue*
» assez riche pour acheter sur le pavé de Paris une
» maison qui, dit-on, coûtait quelque chose comme
» 800,000 francs ».

Eh bien! je vais suivre toutes ces accusations ;
je vais les rapprocher des faits constatés officiellement, après enquête minutieuse, par les ennemis
de la République : — et de cette étude rétrospec-
tive ressortira la fausseté de toutes ces calomnies.

Le *Courrier* a trouvé dans les libelles Chenu, de
La Hodde et Tirel « *l'histoire authentique et vraie
» de cette période pantagruélique qui commence au
» 24 février pour finir au 10 décembre* ». Pour
réfuter toutes ces *erreurs,* je n'aurai pas besoin de
faire, comme il cite *inexactement,* « l'histoire du
» Gouvernement provisoire » ; mais ne parlant
que d'après les documents officiels, je ferai *de l'histoire,* plus digne, je l'espère, de la confiance des
honnêtes gens que les infâmes romans politiques
forgés par la réaction royaliste.

Je copierai presque toujours le *Moniteur :* je ne
réclame donc d'autre mérite, dans ce travail facile,
que celui de l'exactitude.

Après le 15 mai 1848, après surtout les jour-

nées de juin, surgirent ces récriminations violentes des royalistes contre les hommes qui avaient
fait sortir la République d'une situation où l'inca-
pacité des dynastiques n'avait vu qu'un banquet, et
où leur ambition ne recherchait qu'un changement
de ministère « pour jouer le même air que M. Gui-
» zot, mais pour le jouer autrement, » comme ils
le disaient naïvement eux-mêmes. M. Creton, l'un
des amphitrions de M. Odilon Barrot dans les ban-
quets de la Somme, M. Creton, dont le *Mémorial*
ne vante plus le courage resté fidèle à l'orléanisme
et devenu hostile au bonapartisme, M. Creton,
l'adversaire, je dirai presque l'ennemi personnel
de M. Ledru-Rollin, commença l'attaque, en demandant, au milieu de l'année, dans le mois de
juin, un compte officiel de la gestion du fonds de
sûreté générale (532,000 fr.), pendant le Gouvernement provisoire, compte qui, selon l'usage,
n'était jamais produit qu'en fin d'exercice, c'est-
à-dire six mois après la fin d'année.

Malgré tous les précédents, cette proposition
fut adoptée, et une première Commission de quinze
membres fut nommée dans l'Assemblée nationale
pour examiner l'emploi de ce fonds.

La connaissance la plus sommaire des éléments
de la comptabilité administrative eût suffi pour
démontrer aux impatients la difficulté extrême de
prendre dans chaque chapitre du buget les affec-
tations que le Gouvernement provisoire avait pu y
faire du fonds spécial extraordinaire dont il s'agissait. — Mais nos savants publicistes ne voulaient
entendre à rien au sujet de ces difficultés. Et tou-

tes les fois que le *Mémorial* n'avait pas à « décla-
» rer *hautement* quelque chose, » il faisait un nouvel article avec ce titre comminatoire : «´Quand
» rendrez-vous vos comptes? »

La Commission fit, le 1er juillet 1848, un premier rapport qui, après avoir blâmé la forme,
seulement, de certaines dépenses faites sur le fonds
de 532,000 fr. , concluait néanmoins dans les
termes suivants :

«... Nous devons le déclarer, *parce que notre*
» *devoir nous y oblige, et que notre loyauté nous*
» *en fait la loi*, la TOTALITÉ de la somme ordon-
» nancée *a été justifiée* par des mandats *réguliers*
» contenant l'indication des emplois divers aux-
» quels ils étaient destinés, ou par des récépissés
» correspondants , revêtus de la signature des
» personnages auxquels les mandats étaient déli-
» vrés ».

Nous verrons plus tard les motifs du blâme , en
ce qui concerne la *forme* de quelques-unes de ces
dépenses spéciales ; mais constatons dès à présent
que la plus grande partie de la somme a été dépensée *régulièrement*, et que la *totalité* de la dépense
a été *justifiée* : la loyauté de la Commission lui a
fait un devoir de le déclarer.

Cette Commission ne s'était occupée que du
fonds dit de *sûreté générale*.

Désappointée sur ce point spécial, la réaction
crut se rattraper sur l'ensemble ; elle demanda
et obtint la nomination d'une autre Commission
solennelle de quinze membres à l'effet de véri-

fier *toutes les dépenses de toute nature*, faites et ordonnancées par le Gouvernement provisoire.

Cette Commission se mit immédiatement à l'œuvre : elle était composée de MM. E. Bavoux (orléaniste), Sarrut, Jouvet, Degeorge, Comandré, Emery, Didier, Mathey, Chavoix (républicains), Th. Ducos (orléaniste), Delbetz (républicain), Achille Fould, de Charencey, Druet-Desvaux (royalistes), Grellet (républicain). En somme, dix républicains et cinq monarchistes auxquels s'adjoignit M. Creton, l'auteur de la proposition, lesquels, à *l'unanimité*, s'associèrent plus tard aux conclusions ci-dessus formulées par la première Commission du fonds de *sûreté générale.*

Si l'on a compris les difficultés d'extraire des comptes une comptabilité provisoire et partielle, pour un seul fonds, on comprendra les obstacles presque insurmontables que devait rencontrer le travail de la Commission nouvelle qui avait à distraire, de chaque article du budget, des dépenses et des recettes effectuées, liquidées ou à liquider, pendant une partie seulement de l'exercice.

Voici ce que dit à ce sujet le rapporteur, M. Ducos :

«... La Commission a voulu approfondir toutes choses, pénétrer dans les *moindres détails*, dépouiller à l'aide de sous-commissions, les immenses dossiers de la comptabilité....... Elle s'est transportée elle-même au siége des neuf ministères ; elle a consacré de nombreuses et longues séances à l'inspection des registres et des livres officiels de la comptabilité. Elle était résolue à trouver la vérité ; elle est aujourd'hui décidée à la dire.... »

Ce passage prouve, et nous le verrons d'ailleurs, que la Commission s'est occupée des plus minimes sommes, et que la mauvaise foi n'aura donc pas la ressource de dire que la Commission n'a pas tout vu.

Plus loin, elle explique le motif du retard qu'elle a mis à terminer son travail.

« ..... On croit assez généralement que le retard..... tient à des causes particulières.....Tantôt le Gouvernement recule devant la publicité de tous les scandales qui se sont accomplis ; tantôt, l'Assemblée nationale n'a pas assez d'énergie et de fermeté pour exiger le dépôt de ces comptes ; tantôt, enfin, la Commission a hésité à livrer son rapport... parce qu'elle redoute l'inimitié des opinions extrêmes, en révélant toutes les turpitudes qu'elle aurait découvertes. — Disons-le hautement : *aucune de ces suppositions n'est fondée* ; aucun de ces reproches n'est juste, aucune de ces accusations n'est méritée.

» Le Gouvernement a été dans l'*impossibilité matérielle* de remettre les comptes plus tôt qu'il ne l'a fait.... La Commission, quels qu'aient été son dévouement et son zèle, n'a pas pu accomplir sa tâche dans un délai moindre que celui dont elle a usé. Tous les hommes habitués à ce genre de travail, qui comporte des vérifications très-approfondies et des lectures de pièces presque innombrables, reconnaîtront aisément que la Commission a dû, au contraire, déployer une activité inaccoutumée ....

» ..... Quand le pouvoir change souvent de mains..... il est extrêmement difficile d'établir avec exactitude les comptes afférents à chacun d'eux, tant que les diverses administrations n'ont pas eu le temps de recueillir tous leurs documents de comptabilité, de les dépouiller et d'opérer une véritable ventilation entre eux ; c'est par cette cause, que *la loi ordinaire normale* des comptes n'était habituellement soumise aux chambres législatives, QUE DIX-HUIT MOIS et quelquefois même DEUX ANS après la fin de l'exercice.........

»..... Si l'Assemblée nationale avait exigé la remise des comptes que nous examinons, avant le décret qu'elle a rendu le 24 octobre, la majeure partie des dépenses du Gouvernement provisoire n'auraient pu être constatées...

»..... Ajoutons que si on avait suivi et pratiqué les procédés ordinaires, pour les comptes du Gouvernement provisoire, ces comptes... n'auraient été présentés que vers la fin de l'exercice 1850.... ».

On voit maintenant pourquoi les comptes du Gouvernement provisoire n'étaient pas apurés dans les premiers mois de la révolution ! Et cependant toutes les trompettes de la réaction, et surtout le *Mémorial* et le *Courrier*, très-forts en comptabilité, répétaient tous les jours : « Le Gouvernement provisoire ne veut pas rendre ses comptes...». Et, sur la foi de leur journal *honnête* et *modéré*, bien des gens croyaient que le Gouvernement provisoire ne voulait pas rendre ses comptes.

§ II.

La gestion financière du Gouvernement provisoire a été examinée, contrôlée pendant plusieurs mois, par une Commission dans laquelle figuraient six membres notoirement connus par leurs opinions orléanistes, légitimistes et anti-républicaines , et qui comptait des hommes compétents habitués à compulser les documents financiers , notamment MM. Ach. Fould , aujourd'hui ministre des finances , et M. Th. Ducos , rapporteur. Le travail de cette Commission offre donc toutes les garanties désirables aux susceptibilités de la réaction , et l'on peut être assuré que s'il y a eu des irrégularités , la Commission les a vues et signalées , et que si elle déclare qu'il n'y a pas eu fraude , c'est qu'effectivement la fraude n'a pas existé.

Cette Commission a-t-elle apporté à son examen toute l'attention nécessaire à la découverte de la vérité ? Écoutons ce qu'elle dit à ce sujet :

« Nous n'avons négligé *aucun détail.*

» Nous avons rappelé ces dépenses qui sortent de
» nos attributions, afin de montrer *qu'aucun détail ne*
» *nous a échappé.*

» .... Nous avons dû nous rendre compte *des moin-*
» *dres détails.* Aussi , nous sommes-nous fait repré-
» senter les devis primitifs, les mémoires des entrepre-
» neurs et tous les autres documents qui pouvaient
» aider notre conviction....

» Le devoir de votre Commission était de pénétrer
» *profondément* dans cette partie du budget (dépenses
» de police) du ministère de l'Intérieur , et de n'aban-
» donner son travail d'investigation qu'après avoir été
» *complètement édifiée* dans un sens ou dans un autre,
» et nous pouvons aujourd'hui fournir à l'Assemblée
» des explications qui la satisferont ».

(Relativement aux diamants de la couronne :) « Il
» nous est facile d'éclaircir tous les doutes et de dissi-
» per toutes les inquiétudes ».

Donc , la Commission a accompli son devoir avec le plus grand soin.

Or , voici la conclusion générale posée et signée par MM. Th. Ducos , Fould , de Charencey , etc. Je reproduirai plus tard les détails justificatifs :

« Quant à nous, *d'accord avec M. Creton*, au-
» teur de la proposition portant demande de la
» reddition des comptes, *nous déclarons*, A L'UNA-
» NIMITÉ, que , dans les longues et laborieuses
» recherches auxquelles nous nous sommes livrés
» avec la *plus rigoureuse* impartialité, nous n'avons
» découvert ou rencontré *aucun témoignage*, au-
» *cune preuve* qui accusât d'infidélité les membres
» du Gouvernement provisoire , et qui nous mît
» sur la trace de quelque détournement fraudu-
» leux des deniers confiés à leur gestion.... ».

Cette déclaration si formelle a peut-être été arrachée à la terreur de la Commission, sous la menace du Gouvernement provisoire et des ateliers nationaux........ ? Détrompez-vous, messieurs de la réaction , ce genre de récrimination vous échappe. Le rapport qui contient cette solennelle reconnaissance de l'intégrité financière du Gouvernement provisoire , a été écrit , signé et déposé sous votre règne , après la chute des hommes de la République , sous la présidence de M. L. Napoléon Bonaparte , dans le courant du mois d'avril mil huit cent quarante-neuf !

Après avoir produit cette preuve générale, je vais entrer dans les faits particuliers. Toutefois , je suivrai l'ordre établi par le rapporteur , M. Ducos , qui , afin de bien préparer le terrain de la discussion , a fait précéder l'examen des actes financiers du Gouvernement provisoire , d'un exposé de l'état

de situation des finances de l'Etat , au 24 février.
Le résumé de cet exposé justifiera d'ailleurs ce que
l'on a dit souvent , sur l'imminence de la catastro-
phe qui menaçait les finances monarchiques avant
la République.

Depuis 1830 , les finances de l'Etat ont été li-
vrées au plus dangereux désordre. Le gouvernement monarchique imitait ces maisons de commerce
au-dessous de leurs affaires, qui abusent de leur
crédit et le soutiennent au moyen de dépenses ex-
térieures considérables. Il érigeait des monuments,
il entretenait une armée de quatre cent mille hom-
ments, il augmentait le nombre et le traitement
de ses fonctionnaires ; mais, au fond de tout cela,
que trouvait-il à la fin de chaque exercice ? Le
déficit, l'engagement des fonds des caisses d'épargnes, le détournement de l'amortissement de son
but, et , finalement, l'augmentation des impôts et
l'accroissement continu de la dette ! Et cependant,
il n'y avait pas de guerre !

Pour couvrir les déficits, il fallait emprunter :
pour emprunter le moins cher possible, il fallait
pousser à la hausse des fonds publics. C'était donc
vers ce but que tous les efforts du Gouvernement
royal tendaient : c'est à ce résultat qu'il subor-
donnait et sacrifiait tous les autres intérêts, espé-
rant cacher, pour un temps, par la prospérité de la
Bourse, les embarras financiers chaque jour plus
menaçants.

La Commission ne s'explique pas sur les causes
du désordre financier des derniers temps de la

monarchie, mais ce désordre, elle le constate par des chiffres officiels.

L'actif du budget monarchique se compose principalement :

1° Du produit de l'impôt et des propriétés nationales ;

2° Du produit des emprunts cotés à la Bourse ;

3° Des fonds appartenant à la caisse des consignations ;

4° Des fonds empruntés aux banquiers et aux capitalistes sur bons du trésor.

En bonne administration, le produit de l'impôt devrait suffire, et les dépenses devraient être réduites au niveau de ce produit. Mais cet état de choses n'a presque jamais existé depuis 1830 ; excepté en 1836 et en 1845, *tous les exercices* ont été soldés en déficit. De 1830 à 1840, l'excédant total des dépenses sur les recettes, c'est-à-dire l'ensemble des *découverts*, s'est élevé à la somme énorme de 256,030,934 francs, et de 1840 à 1848, le désordre a été bien plus grave encore : le découvert a atteint le chiffre de 469,207,756 francs.

Le Gouvernement de Louis-Philippe a donc géré les finances de l'État de telle façon, qu'en 18 ans de paix, et sans compter les anticipations sur l'avenir, les dépenses liquidées ont excédé les recettes ordinaires, extraordinaires, complémentaires et supplémentaires, de *sept cent vingt-cinq millions deux cent trente-huit mille six cent quatre-vingt-dix francs !*

Pour couvrir ces excédants de dépense, voici ce que l'on imagina :

On avait créé, dans le principe, pour chaque emprunt contracté, un fonds *d'amortissement* destiné à racheter plus tard les titres de rentes émis en échange de l'emprunt. Il fut décidé, d'abord, que *la Caisse d'amortissement* ne rachèterait pas de titres de rentes lorsque les fonds seraient au-dessus du pair, et on affecta partie des sommes demeurées ainsi disponibles, à couvrir les excédants de dépense. Plus tard, on destina encore une partie des *réserves de l'amortissement* à payer les dépenses de chemins de fer. C'est par ce moyen que l'on parvint à dissimuler les déficits annuels des budgets, ainsi que les charges d'une portion des dépenses ; mais la dette publique consolidée cessa d'être réduite par le jeu de l'amortissement.

Cependant, *les réserves de l'amortissement* n'étaient pas assez considérables pour balancer tous les *découverts* et pour payer les dépenses nouvelles. — Les financiers monarchiques eurent recours à plusieurs autres moyens : ils ouvrirent de nouveaux emprunts montant à plus d'un milliard, capital garanti par des émissions de rentes.

Cela ne leur suffisait pas encore ; ils disposèrent de 65 millions de francs appartenant aux Caisses d'épargnes.

Cela ne suffisait pas encore. Ils empruntèrent, sous une autre forme, non plus au moyen d'émissions de rentes dont la quotité est connue et limitée, mais au moyen de *bons du trésor*, espèces de billets au porteur, émis par le ministre des Finances, dont le chiffre n'est limité par aucune prescription légale, et dont, par conséquent, l'abus est inévitable. Au 24 février, indépendamment des autres expédients indiqués plus haut, 280,936,800 francs de *découverts* étaient provisoirement masqués avec le secours de ces *bons du trésor*, dont la somme totale était d'ailleurs bien plus considérable.

Le Gouvernement royal se trouvait dans la situation d'un particulier, non-seulement grevé d'hypothèques (*dette inscrite* au grand-livre), mais devant, en outre, de fortes sommes, par comptes, à ses fournisseurs, ou par billets, à des banquiers (dette flottante).

La situation générale des finances, au 23 février 1848, est résumée ainsi dans le rapport de la Commission :

Découverts des budgets antérieurs, à la charge de la dette flottante, 281 millions.

Réserves de l'amortissement absorbées à l'avance, c'est-à-dire impossibilité de réduire en rien la dette publique jusqu'en 1855 et même 1859.

Budget monarchique de 1848, arrêté avec un déficit prévu et avoué de 76 millions.

Chiffre de la dette flottante, 960 millions.

Cette *dette flottante* comprenait, dans son chiffre total, toutes les sommes immédiatement ou prochainement exigibles, toutes les dettes qui, n'étant pas inscrites au grand-livre, devaient pour la plupart être payées à vue ou à échéance prochaine, sous peine de protêt et de banqueroute.

Elle se composait : de *bons* et *traites* sur le tré-

sor pour......................	**360,497,200 fr.**

des fonds appartenant aux communes et établissements publics, à divers corps de l'armée de terre et de mer, à la Caisse des consignations, pour compte des caisses d'épargnes, aux receveurs généraux, pour avances, etc., ensemble............ **298,879,400**

d'autres bons du trésor affectés à l'amortissement............... **11,610,900**

et des fonds des Caisses d'épargnes placés en rentes ou en d'autres valeurs.................... **289,384,096**

Total de la dette flottante au 28 février...................... **960,371,596 fr.**

La monarchie, en quittant les Tuileries, avait donc laissé les finances de l'Etat dans une situation telle, que le Trésor, indépendamment de la dépense annuelle des services publics et de la dette, pouvait être mis en demeure de payer immédiatement, ou dans les trois mois, au plus tard, près d'un milliard de francs.

Tel est le *passif* du bilan monarchique.

Voyons maintenant l'*actif* :

L'actif ne s'élevait qu'à 192 millions, et, tout compris, au 1er mars, en caisse et en portefeuille, à 252,603,184 fr. !

Le passif *exigible* excédait donc l'actif disponible, d'environ 800 millions, lorsque le Gouverne-

ment provisoire de la République remplaça le Gouvernement monarchique.

Ce ne sont pas là des injures ou des calem-
bourgs comme en donnent certains journaux , à
défaut de raisons : ce ne sont pas là des déclamations bouffies comme en ressassent d'autres
feuilles , ce sont des faits , des chiffres certains ,
que je me borne à extraire du travail officiel de
MM. Achille Fould et Ducos !

Mais, nous disent ces journaux, les 192 millions
écus laissés par la royauté « se sont fondus comme
» beurre au soleil... ».

— MM. Achille Fould et Ducos vont encore
répondre :

« Les porteurs de bons du Trésor » (et il y en
avait pour 318 millions entre les mains des banquiers et des gros capitalistes), « se précipitent
» vers les caisses et se disputent le précieux pri-
» vilége d'être payés les premiers.

» Les déposants aux caisses d'épargnes (354
» millions) encombrent les avenues du ministère
» des finances.. ».

Comprend-on maintenant où s'est fondu et par
qui, dès les premiers jours, a été absorbé l'encaisse?

Signaler de semblables accusations doit suffire.
La conscience publique en fait justice. Je n'insis-
terai donc pas davantage au sujet de certaines
calomnies qui ne prouvent que l'ignorance de leurs
auteurs. Je vais entrer dans l'examen des faits
véritablement dignes d'attention. Dans la multitude de pièces vérifiées par la Commission, les ad-

versaires du Gouvernement provisoire ont aperçu
quelques irrégularités inévitables en temps de
révolution, peu importantes, on le verra plus tard,
et qui ont motivé, de leur part, dans le rapport de
M. Ducos, des critiques bien plus amères que n'en
ont inspiré les fautes de même nature dont ils
font l'apologie, ou qu'ils oublient dans les comptes des ministres royalistes. Je rappellerai ces faits,
je les blâmerai, avec la Commission, tout en fai-
sant remarquer que leur gravité financière est
presque nulle, et que tout en les grossissant outre
mesure, dans le cours de sa discussion détaillée,
le rapporteur n'a pu y trouver des motifs de mo-
difier le verdict honorable pour le Gouvernement
provisoire, que l'évidence a imposé à l'*unanimité*
des commissaires.

§ III.

Le Gouvernement provisoire a dirigé les finances et l'administration du pays, depuis le 25 février jusqu'au 11 mai suivant, c'est-à-dire, pendant deux mois et demi.

On accordera bien que, pendant cet espace de
temps, le Gouvernement royal, s'il n'eût pas été
renversé, aurait payé les services publics, conformément au budget voté par les chambres. On ne

peut donc mettre à la charge du Gouvernement
provisoire ces sortes de paiements antérieurement
et régulièrement autorisés ; le seul compte moral
que l'on puisse lui demander, c'est celui des sommes qu'il a dépensées, à tort ou à raison, en sus
ou en dehors des crédits du budget.

Ce sont ces dépenses que la Commission a principalement vérifiées. Elle a d'abord constaté les
dépenses ordinaires, *budgétaires*, si je puis m'ex-
primer ainsi ; puis, passant en revue chaque ministère, elle a signalé le chiffre des dépenses *extraordinaires*, en donnant son avis sur leur nécessité
ou sur leur moralité. Je vais, ainsi que je l'ai fait
jusqu'ici, résumer les jugements de la Commission.

Pour le ministère de la Justice :

» *Aucune* des dépenses de ce ministère *n'est sor-
» tie des prévisions du budget voté*, si ce n'est celle
» de 1,000 fr. qui a été ouverte par un décret spé-
» cial du Gouvernement provisoire. — Cette somme
» a été prélevée sur les fonds secrets du ministère
» des Affaires étrangères, et mise à la disposition de
» M. Crémieux, à titre de fonds de secours destiné
» à tous les malheureux qui se présentaient alors
» au ministère de la Justice, et pour lequel le mi-
» nistre n'avait aucun crédit ouvert au budget
» voté ».

A ceux qui, à Bordeaux, ou ailleurs, blâme-
raient le Gouvernement provisoire d'avoir délivré
au ministère de la Justice cette somme pour aumônes, en temps de révolution, je rappellerai,
qu'en temps ordinaire, le maire de Bordeaux dis-

pose , chaque année , pour une semblable affectation , d'une somme de 10,000 fr. dont il n'a pas
à rendre compte. Assurément , si les besoins de la
charité justifient à Bordeaux un crédit ordinaire de
10,000 fr. , les besoins de même nature justifiaient
amplement à Paris , un crédit extraordinaire de
1,000 fr. pour un ministère qui n'avait aucun
fonds de ce genre.

Je n'ai pas à m'occuper ici de la conduite politique de M. Crémieux dont je n'approuve pas tous
les actes , car il était de ceux qui ont soutenu la
candidature à la Présidence de M. Louis Bonaparte. Mais ce qu'il faut bien établir, c'est que
ce membre du Gouvernement provisoire, que tous
les journaux royalistes accusent tous les jours
d'avoir bu sans les payer les vins de Louis-Philippe , qu'il a payés cependant 4 fr. la bouteille
à la liste civile , et d'avoir volé, pendant son passage au pouvoir , au moins 1,500,000 fr. , coût ,
dit-on , d'une forêt qu'il vient de payer 150,000
francs sans plus , — n'a pas dépassé d'un centime
les crédits ordinaires régulièrement affectés par le
budget à son ministère, et n'a touché, à l'extraordinaire , que 1,000 fr. ; que , pendant son ministère , tous les ayant-droit ont reçu intégralement
ce qui leur revenait sur son budget ; qu'il n'a donc
pas pu garder pour lui 1,500,000 fr. sur les
1,000 fr. , seule somme qui ait été mise à sa disposition personnelle ; que le paiement d'une propriété de 150,000 fr. n'a rien d'étonnant de la
part d'un avocat aussi occupé que l'était M. Crémieux à Paris ; enfin , que tout ce que l'on a dit à

ce sujet ne démontre qu'une chose, la mauvaise foi et la honte des calomniateurs royalistes.

Voici donc un des membres du Gouvernement provisoire les plus attaqués; celui qui a été le plus souvent accusé, qui, pour sa part de ces prétendus millions dévorés par lui et ses complices pendant « *cette grande escroquerie de Février* », a touché, en dehors du budget royal..... mille francs ! mille francs avec destination spéciale; celle de donner à des malheureux quelques écus qui n'ont pas même suffi, car, la Commission le constate, « M. Cré-» mieux a établi qu'il avait réellement dépensé » une somme plus forte sur son propre traite-» ment ».

Quoi qu'il en soit, *la grande dilapidation* des deniers publics par le Gouvernement provisoire, se borne donc, en ce qui concerne le ministère de la Justice, à un crédit de *mille francs* accordé pour dons et secours.

Passons au ministère des Affaires étrangères.

Ce ministère placé sous la direction de M. de Lamartine est celui, peut-être, qui présente les irrégularités les plus sensibles : toutefois, on verra à quoi elles se réduisent en résultat.

M. de Lamartine a réalisé, sur les crédits to-taux correspondant au temps de son ministère, une économie d'environ 1,200,000 fr. D'un autre côté, il a dépensé extraordinairement sur quelques articles et sur un crédit spécial pour fonds secrets, une somme totale de 475,000 fr.

Cette somme de 475,000 fr. n'a pas été exclu-

sivement employée en services diplomatiques secrets. Ainsi, par exemple, c'est sur ce fonds qu'on
a délivré à M. Crémieux les 1,000 fr. qu'il a reçus pour les distribuer en aumônes. L'emploi de
l'argent véritablement affecté à des services diplomatiques secrets est minime; il a été soigneusement vérifié par une sous-commission, et voici ce
qu'elle dit sur l'ensemble du crédit :

« La sous-commission est restée convaincue
» qu'*aucune partie* des 475,000 fr. n'a pu être ni
» détournée, ni employée à des manœuvres indignes
» de la probité diplomatique d'une grande nation
» comme la nôtre ».

Mais le ministre a eu tort d'employer partie de
ces fonds :

« A subventionner des journaux, à nourrir une
» multitude d'ouvriers, à surveiller les clubs, à
» soutenir la presse départementale... à l'établisse-
» ment d'une police intérieure... à secourir des
» hommes de lettres, des artistes, des afficheurs,
» des blessés, des gardes mobiles, des huissiers
» congédiés, des asiles de femmes... à répandre,
» enfin, une multitude presque indéfinie de secours
» de toutes sortes et de toutes formes, pour lesquels
» des fonds spéciaux sont ouverts dans d'autres éta-
» blissements...

» En présence... des misères qu'il fallait secou-
» rir... notre mandat a dû se borner .... à la cons-
» tatation des pièces matérielles qui *établissent la*
» *justification de l'emploi* ».

Il faut donc reconnaître que le ministère des
Affaires étrangères a été le théâtre de certaines irrégularités; mais ces irrégularités ne concernent

en rien les fonds diplomatiques. Cela regarde le
ministre seul, M. de Lamartine, qui, en raison de
la position supérieure où les événements l'avaient
placé, se trouvant au premier rang, était assailli
des plus nombreuses demandes. Résumant, en
quelque sorte, la plus grande partie de l'administration révolutionnaire, il obtint en son nom,
une forte partie des fonds extraordinaires qu'il re-
çut à titre de fonds secrets diplomatiques, mais
qu'il distribua à l'intérieur au nom du Gouvernement provisoire. Quant aux fonds *secrets diplomatiques* ordinaires, il en est de ce crédit comme,
probablement, de tous les fonds secrets. La Commission a acquis la conviction :

« Que les fonds secrets alloués au ministre des
» Affaires étrangères peuvent être facilement réduits
» dans de grandes proportions, sans porter la moin-
» dre atteinte aux exigences de cette nature de ser-
» vice ».

MM. Achille Fould, Ducos, etc., et leurs collègues, se sont-ils rappelé ce jugement lorsque
l'on a discuté le budget de leurs amis de la réaction devenus ministres ? Et, par ailleurs, ne
résulte-t-il pas du jugement de ces messieurs, que
tous les fonds secrets diplomatiques accordés depuis 1830 à MM. de Broglie, Sébastiani, Thiers,
Molé, Guizot, etc., (qui n'en ont pas justifié
l'emploi devant une Commission, comme M. Lamartine), n'ont pas dû recevoir leur emploi nominal, et que, par conséquent, ils ont reçu une
autre destination inconnue, tout autre que le salaire des services diplomatiques ?

En résumé, M. de Lamartine a touché, à titre de fonds secrets, 475,000 fr., qu'il a dépensés en secours de toute nature. D'un autre côté, M. de Lamartine a réalisé, par des réformes dans son ministère, « *plus de douze cent mille francs d'économies* ».

Donc, en ce qui concerne le ministère des Affaires étrangères, le Gouvernement provisoire a ruiné la France..... *en économisant, en temps de révolution, sept cent vingt-cinq mille francs!*

M. Carnot n'a pu être l'objet d'aucune calomnie financière. Les nouveaux adeptes de Loyola se contentent de lui reprocher la circulaire de M. Renouvrier à laquelle ils préfèrent de beaucoup l'histoire véridique du père Loriquet, tissu de mensonges, qui est cependant, dit-on, le livre classique d'histoire dans les établissements ecclésiastiques.

La Commission qui comptait dans son sein, on le sait, plusieurs adversaires acharnés de M. Carnot, s'exprime ainsi, *à l'unanimité*, sur sa gestion financière :

« ..... Toutes les dépenses de ce ministère ont été
» prévues et ordonnées par la loi de finances, por-
» tant fixation du budget de 1848. *Elles se sont*
» *toutes renfermées dans les* limites de ce budget.
» Dès-lors, elles ne peuvent donner lieu à aucune
» observation critique ».

Voilà donc un autre dilapidateur de la fortune publique, qui n'a pas dilapidé un centime! En vérité, en voyant la haine et le mensonge poursuivre hier, encore, dans les plus ignobles diatribes, la probité la plus sévère, la plus constatée, on ne sait de quel sentiment, de la colère ou du mépris, on doit punir les auteurs de toutes ces calomnies.

Je reviendrai plus tard sur le ministère de l'Intérieur. Je continue par le ministère de l'Agriculture et du Commerce.

Encore et toujours la régularité la plus scrupuleuse pour tous les services ordinaires. En deux circonstances seulement, les crédits ordinaires ont été dépassés : une première fois, de 2,700 fr. pour salaire du personnel des Gobelins et de Beauvais, dépense autrefois à la charge de la liste civile et sur laquelle M. Bethmont, d'ailleurs, réalisa une économie annuelle de 213,000 fr. ; une seconde fois, de 4,281,000 fr. dépensés sur un crédit de 6,700,000 fr., ouvert afin de maintenir en activité la fabrique de Lyon.

Le ministère des Travaux-publics est un de ceux qui, avec la Guerre, les Finances et l'Intérieur, présentent les augmentations les plus considérables.

Les dépenses que le Gouvernement provisoire a ajoutées au budget royal sont les suivantes :

70,000 fr. (crédit nominal et compensé), pour conservation et entretien des bâtiments de la liste civile;

121,000 fr., pour construction d'une salle provisoire pour l'Assemblée nationale;

766 fr. pour travaux de sépulture des morts de Février à la colonne de Juillet;

6,000,000 fr., pour dépenses des ateliers nationaux.

« Tous les autres crédits, d'après la Commis-
» sion, se sont renfermés dans la limite des pré-
» visions législatives ». A l'occasion des ateliers
nationaux, la Commission s'est livrée aux recherches les plus étendues. Elle signale jusqu'à un re-
liquat de compte montant à 4,350 fr., non justifiés par le chef de la brigade des artistes, lesquels,
à raison de 8 fr. par semaine, ont reçu 36,417 fr.
Elle se plaint de ce que quelques-uns de ces artistes ont été employés, par les chefs des ateliers
nationaux, à distribuer des listes électorales. Elle
a cru reconnaître que :

« Un grand nombre d'irrégularités, de doubles
» paiements et même de fausses signatures ont été
» la conséquence de tout défaut de contrôle et d'ad-
» ministration régulière. Elle ne craint pas d'exa-
» gérer, en avançant que les fraudes et les abus
» commis dans la comptabilité des salaires doivent
» être évalués au *cinquième et au sixième de la*
» *dépense totale* ».

Personne, assurément, ne peut approuver le
désordre dans la comptabilité des deniers publics.
Mais, aussi, il ne faudrait cependant pas amplifier
ridiculement les conséquences des irrégularités
commises dans les ateliers nationaux, sous le
Gouvernement provisoire. Sur six millions ordonnancés, le *cinquième ou le sixième*, c'est-à-dire
environ *douze cent mille francs*, selon la Commission, n'ont pas été régulièrement dépensés. Quoique cela se soit passé en temps de révolution, c'est

un mal. Mais ont-ils donc le droit de crier si fort au scandale, et de se frapper la poitrine de désespoir, ces surveillants vigilants de nos finances, qui, en pleine paix, au milieu du plus grand calme, ne se sont aperçu du déficit Kessner (trois ou même six millions, je crois), qu'après la fuite du coupable et son arrivée en lieu de sûreté? On peut, assurément, discuter l'utilité publique de la création des ateliers nationaux; mais leur administration n'a peut-être pas donné lieu à plus de fraudes que les autres ateliers qui passent pour réguliers. Il est peu de villes, — et nous en savons quelque chose à Bordeaux où le procès Lambert n'est pas plus oublié qu'à Paris le procès Hourdequin, — dans lesquelles la direction des ateliers de charité ne donne lieu souvent aux mêmes abus. Accuser, à l'occasion des abus des ateliers nationaux, le Gouvernement provisoire, ce serait être aussi juste que si l'on prenait à partie, chez nous, MM. Brun, Johnston et Maillères, à l'occasion des désordres des ateliers de charité, sous leur administration. Dans ces sortes de distributions, les abus sont fréquents, nombreux, et tout en les blâmant énergiquement, on doit cependant une indulgence relative aux administrateurs qui, comme ceux des ateliers nationaux du Gouvernement provisoire, sont parvenus, malgré les désordres inséparables d'une révolution, à réduire l'abus à la proportion du *cinquième ou du sixième* de la dépense totale.

Jetons un coup-d'œil autour de nous. Très-probablement les honorables administrateurs de nos hospices et de nos bureaux de charité ont quelquefois fait chorus avec ceux qui attaquaient les désordres des ateliers nationaux, et qui en rejetaient la responsabilité sur le Gouvernement provisoire. Et cependant, on sait que les administrateurs des hospices, malgré leur probité personnelle, n'ont pu prévenir, dans la caisse de leur administration, un déficit considérable qui même datait de loin. Les administrateurs du bureau central de charité sont, je le crois, presque tous du parti *honnête et modéré* : ils appartiennent à la fine fleur de la réaction : peut-être quelques-uns d'entre eux ont-ils signé les belles circulaires de la rue Esprit-des-Lois contre la République , « contre *les scandales* du Gouvernement provisoire et les dilapidations des ateliers nationaux...». Eh bien ! savez-vous ce que disait, il y a quelques jours, au conseil municipal, le rapporteur de la commission des finances ? Il disait que « la révision des listes des personnes » secourues par les bureaux de charité amènerait » des radiations qui pourraient réduire d'un QUART » OU D'UN TIERS le total des inscriptions : des dou- » bles emplois , et des personnes qui n'ont pas » droit aux secours doivent en disparaître, etc. ». Ayons donc un peu plus d'impartialité dans nos jugements. Si nous donnons un bill d'indemnité à des administrateurs royalistes qui, dit-on, laissent, depuis longues années et en temps de calme, gaspiller le *quart* ou le *tiers* des crédits de charité, n'accusons pas pas si sévèrement le Gouvernement provisoire, sous l'administration duquel la direction des ateliers nationaux de charité est parvenue à restreindre l'abus, en pleine révolution, au *cinquième*, au *sixième*.

––––––––––

§ IV.

Avant de poursuivre l'examen des crédits extraordinaires ouverts, par le Gouvernement provisoire, aux divers ministères, je vais rappeler quelques faits généraux. Ils réduiront à leur juste portée les déclamations dont les journaux de la réaction ont pris le prétexte dans la publication de l'arrêt de la Cour des Comptes, portant fixation des budgets de 1848.

Et d'abord, à l'occasion de la plupart des observations de la Cour des Comptes, je ferai observer qu'elles ne sont guère qu'une énumération *détaillée* des irrégularités de *pure forme* de pièces qui, dans les premiers jours de la révolution, n'ont pas été revêtues de toutes les conditions prescrites par les réglements. Par exemple, lorsqu'une pièce comptable, doit, d'après les usages ordinaires, être faite en triple expédition, et qu'elle n'est dressée qu'en double ou même en simple original, la Cour des Comptes prononce la censure. De même, quand les usages comptables exigent trois signatures et qu'il ne s'en trouve que deux, la Cour des Comptes déclare également que la dépense n'est pas ré-

gulièrement justifiée. Au fond , on ne peut pas dire que la Cour des Comptes n'ait pas raison , car les formes dont elle signale l'absence sont une garantie utile. Mais il ne faut pas tirer , avec la réaction, des conséquences d'une nature tout autre que celles qui résultent réellement de la déclaration de la Cour des Comptes.

Une dépense peut , en effet , n'être pas justifiée *régulièrement* quant à la *forme ;* mais cela ne veut pas dire qu'au fond elle n'est pas *moralement* justifiée. Ainsi , pour ce qui concerne les ateliers nationaux , le plus grand nombre des irrégularités signalées venait de l'impossibilité d'obtenir l'observation intégrale de formalités toutes nouvelles pour un personnel administratif improvisé. La Cour des Comptes, jugeant au point de vue de la forme légale (la Cour ne s'occupe pas d'autre chose) , a pu déclarer que la dépense n'est pas entièrement justifiée ; mais elle n'a pas dit que toute la dépense portée en compte n'avait pas été réellement faite. Il y a eu des abus , sans aucun doute , comme il y en a eu à Paris et à Bordeaux , dans l'administration municipale ; sous le règne de Louis-Philippe ; mais , dans les ateliers nationaux , ainsi que je l'ai rappelé , l'abus a été moindre que ceux que l'on signale chez nous , aujourd'hui encore , dans la distribution des fonds du bureau central de charité. La Cour des Comptes a condamné la *forme.* Sous ce rapport , acceptons son jugement : n'appelons pas de ce jugement *formaliste.* Quant au jugement *moral* , ne le cherchons pas dans son arrêt où , légalement , il n'est pas ; nous le trou-

vous dans les conclusions de la Commission spéciale de l'Assemblée nationale.

C'est surtout sur l'ensemble des dépenses de
1848 que triomphent les feuilles réactionnaires.

Les dépenses ont dépassé, dit-on , en 1848 , le
chiffre de 1,740 millions..... Et l'on part de là
pour accuser le Gouvernement de la République
d'avoir ruiné les finances du pays,!...

Je reviendrai , quand je serai arrivé au ministère des Finances, sur ce chiffre et sur cette accusation ; mais, provisoirement, je crois intéressant
de faire quelques observations rétrospectives.

Le budget de 1848 , le budget légal, royal , le
budget de Louis-Philippe , le budget de la paix , le
budget de l'ordre , enfin , avait été arrêté par
les Chambres , en dépenses, à la
sommme de. . . . . . . F. 1,424,629,415

En recettes , à seulement.... 1,348,072,335

Par conséquent, en DÉFICIT
de. . . . . F. 76,557,080

Ce qui revient à ceci : que le Gouvernement
de l'Ordre avait arrêté un budget en désordre.

Or , si l'on n'oublie pas que , depuis 1830 , et
surtout , depuis 1840 , tous les budgets , quoique
balancés dans les prévisions , se sont soldés , en
définitive, par un découvert , en moyenne, de 70
millions , et que, dès-lors, en présence des grands
travaux entrepris , on devait nécessairement comp-

ter sur un découvert semblable , en sus du déficit prévu , pour 1848 , on est en droit , l'expérience de tout le règne de Louis–Philippe le prouve , de dire que , lors même qu'il n'y aurait pas eu de révolution en février 1848 , les dépenses de cette année auraient atteint le chiffre de 1,500 millions , et cependant la dette flottante eût conservé toujours son niveau de 960 millions !

Les dépenses définitives de la première année de la République , vérifiées , fixées et liquidées , ont atteint de 1,740 à 1,750 millions : c'est donc , à peu près , un excédant réel de 240 à 250 millions qu'il faut mettre à la charge de la République. C'est beaucoup , sans doute ; mais , dans cette somme , entrent , ainsi que nous le verrons , un grand nombre de dépenses nominales venant en réduction de la dette flottante considérablement diminuée , à la fin de 1848, par le Gouvernement républicain ; on arrive ainsi à cette conséquence , que l'excédant véritable de dépense imputable à la République , ne dépasse guère 160 ou 180 millions de francs , dont 114 millions pour le budget de la Guerre auquel j'arrive maintenant.

Il a été ouvert , par le Gouvernement provisoire en dehors du budget , au ministère de la Guerre , pour augmentation du personnel et du matériel de l'armée et pour achat de chevaux , trois crédits extraordinaires montant ensemble à 114 millions.

Le ministère de la Guerre a été dirigé , sous le Gouvernement provisoire , par MM. Subervic ,

Arago , Cavaignac , ministres , et Charras , sous-
secrétaire d'Etat.

Sur les dépenses inscrites au budget ordinaire ,
voici ce que dit la Commission :

« La *totalité* des dépenses ci-dessus , *sans au-*
» *cune exception* , se trouvaient prévues au budget
» de 1848. Les ministres de la Guerre se *sont stric-*
» *tement renfermés dans les limites des² crédits*
» *votés* ».

Voici maintenant son appréciation sur les dépenses extraordinaires de la Révolution :

« Nous n'avons plus rien à dire sur les crédits
» extraordinaires ouverts par les décrets du Gou-
» vernement provisoire ; la dépense autorisée....
» n'a commencé à s'effectuer qu'à partir des pre-
» miers jours de juin 1848 , etc... ».

Le Gouvernement provisoire n'a donc pu disposer que d'une très-minime portion des crédits
ouverts par lui , et , d'ailleurs, ce n'est pas sur les
dépenses de ce ministère que la calomnie a dirigé
ses attaques : les marchés de la République n'ont
donné lieu à aucun renouvellement des plaintes
produites sous la Restauration et sous Louis-Philippe , à l'occasion des marchés Ouvrard ou des
marchés Gisquet , etc. , etc.

Ce qu'il y a de vrai , c'est que la République a
été la cause d'armements dispendieux , qui ont
ajouté à la dette de la France 114 millions. Oui ,
cela est vrai. Mais la République est-elle le seul
Gouvernement auquel on puisse imputer de semblables dépenses ? Est-ce que la monarchie de

1830 ne nous a pas fait payer la paix armée bien plus cher ! Est-ce que cette même monarchie, gage de paix, de tranquillité, de bonheur, au dire des exploiteurs et des fonctionnaires, n'a pas, en 1840, recommencé (et pour quels résultats !) les mêmes dépenses ? Oubliez-vous donc que les rodomontades de M. Thiers et les couplets de la *Marseillaise* chantés en 1840 par Louis–Philippe, ont ajouté au budget de cette année 200 millions, sans compter la dépense des fortifications de Paris, qui a grevé les cinq années suivantes ? Jamais sous la monarchie, la reconstitution de notre armée n'a été effectuée avec autant de promptitude, d'économie et de moralité, nous pouvons le dire, que par les ministres de la République, et principalement par M. Charras, qui s'est acquis, à cette époque, à force de travail et de probité, des droits imprescriptibles à la confiance des patriotes et au respect de tous les gens de bien.

Ainsi, voilà une des plus importantes administrations du Gouvernement provisoire et de la République, qui a disposé, à l'ordinaire, de 305 millions, et à l'extraordinaire, de 114 millions, et dont la gestion, scrutée par les ennemis de la République ne provoque de leur part que des éloges.

Je ne terminerai pas l'examen du ministère de la Guerre, sans relever, dans la *Guienne*, une de ces attaques qui montrent la bonne foi qui dicte les jugements des écrivains royalistes, au sujet du Gouvernement républicain.

Une correspondance de ce journal emprunte à une brochure, les *Mois de nourrice de la République*, appendice aux libelles Chénu, de La Hodde et Tirel, le passage suivant inspiré, dit-on, par la déclaration de la Cour des Comptes :

« Les armes et munitions de guerre vendues à
» l'étranger pour propager les révolutions, se sont éle-
» vées à la somme de 4,129,000 fr. La république ro-
» maine de Mazzini en a reçu pour 338,000 fr. *Ces ar-*
» *mes étaient destinées à tuer des soldats français*. »

Il y a dans ces derniers mots du correspondant gentilhomme de la *Guienne*, une... inexactitude et une mauvaise action.

1° La République en donnant des secours aux républicains italiens, faisait ce que font tous les gouvernements ; elle faisait ce que fit ou laissa faire Louis XVI en faveur de l'Amérique du Nord ; et si l'Amérique du Nord eût été vaincue par l'Angleterre, comme l'Italie l'a été par l'Autriche, le prix des armes et des munitions fournies aux ennemis de nos ennemis naturels, n'eût jamais été remboursé à la France. Pour condamner la République de 1848, nos légitimistes sont donc obligés de condamner Louis XVI. Le prix de toutes ces armes a, d'ailleurs, été payé.

2° Il est faux, absolument faux, que *ces armes fussent destinées à tuer des soldats français*, car ces armes ont été fournies, avant le 10 décembre, avant l'avènement de la réaction jésuitico-bona-partiste, par conséquent, avant que personne ne songeât à envoyer nos soldats pour détruire, con-trairement aux promesses les plus solennelles, mensongèrement , honteusement , traitreusement, la République romaine.

3° La *Guienne* qui reproche avec tant d'aigreur à la République française d'avoir avancé plus de 3 millions en armes et munitions pour aider à affranchir l'Italie du joug de l'Autriche , c'est-à-dire , pour avoir suivi les principes de la politique de la France depuis Charles VIII jusqu'à Napoléon , politique abandonnée pour la première fois depuis que la France obéit à l'influence de M. de Montalembert et de ses jésuites, — la *Guienne* pourrait-elle nous dire ce que la France a recouvré sur les 80 millions qu'a coûtés au pays l'expédition d'Espagne, en 1823 , faite par la Restauration pour rétablir le pouvoir absolu d'un despote dont sa mère avait pu dire : « Ferdinand, cœur de tigre et tête de mulet ? » Si la République est damnable pour avoir avancé 3 millions , la branche aînée a-t-elle droit à nos regrets , elle qui , dans un but analogue, quoique moins légitime , a dépensé plus de vingt fois cette somme ?

Le ministère de la Marine ne donnerait lieu à aucune observation si je n'avais à relever encore une autre aménité du même journal.

« Le règne du citoyen amiral et négrophile Schœl
» cher a coûté à nos colonies 18,385,728 fr. ».

Prenez le contraire de cette assertion , et vous aurez la vérité.

Des hommes qui se disent chrétiens par excellence , ne peuvent pardonner à la République d'avoir proclamé , pour la seconde fois , l'abolition de l'esclavage. Les protestants les avaient devancés, et tout ce qui porte un cœur généreux avait applaudi à l'Angleterre s'imposant une charge de 600 millions pour abolir l'esclavage dans ses possessions coloniales. La République, plus véritablement chrétienne, par ses actes, que nos jésuites ne le sont en paroles, voulant appliquer le dogme évangélique de la fraternité humaine, a brisé les fers de l'esclavage ; mais tenant compte des intérêts plus ou moins légitimes des *propriétaires d'hommes*, elle leur accorde une large indemnité. Au lieu donc de dire que la République a coûté aux colonies 18 millions ; il faut dire, pour être vrai, que la République a donné aux colonies 18 millions et bien davantage.

Quant aux dépenses proprement dites du ministère de la Marine, voici ce qu'en dit la Commission :

« On a pu remarquer sur le budget rectifié un
» accroissement de dépenses, pour le service colo-
» nial, de 4,569,521 fr. ; mais cet accroissement
» tient à la nature même des choses ou à des lois
» spéciales, *et il se serait produit sous tous les régi-*
» *mes* et sous toutes les formes du gouvernement.

» Nous n'avons aucune observation à faire contre
» l'emploi des ressources mises à la disposition de
» M. Arago, ministre de la Marine, attendu que
» le chef de ce département » (M. Schœlcher était
sous-secrétaire d'État), « *s'est conformé* scrupu-
» leusement dans toutes ces dépenses aux prévi-
» sions du budget voté par les dernières Chambres
» législatives ».

§ V.

La République est due à l'initiative du peuple de Paris.

Cette initiative, M. Ledru-Rollin, tribun, s'en est fait l'interprète à la Chambre des députés ; ministre, il l'a faite rayonner sur tout le territoire, acclamer par tout le peuple de France et confirmer par le suffrage universel. Ce sont là des crimes démocratiques que les aristocrates de toute couleur ne devaient jamais pardonner. M. Ledru-Rollin a donc été l'objet de toutes les haines, de toutes les attaques, de toutes les calomnies de la réaction : et plus les ennemis de la République avaient été pressés, obséquieux, adulateurs dans ses anti-chambres lorsqu'il était au pouvoir, plus ils ont été sévères ensuite pour les erreurs qu'il a pu commettre, et plus ils ont été ardents à inventer des accusations lorsque les griefs sérieux leur ont manqué.

A les entendre, M. Ledru-Rollin, perdu de dettes, le 24 février, aurait refait sa fortune avec les fonds destinés à la police ou aux services de son ministère. Cette découverte, après avoir traîné dans les feuilles de police, semblait avoir fait son temps, lorsque les deux phares provinciaux de la réaction, le *Courrier de la Somme* et le *Courrier de la Gironde*, l'ont reproduite encore il y a quinze jours à peine.

Après le ministre, est venu le tour de ses représentants dans nos départements. Que n'a-t-on pas dit des Commissaires du Gouvernement provisoire? N'a-t-on pas trouvé ingénieux de rendre M. Ledru-Rollin responsable de l'intrusion, à son insu, dans l'administration, d'un misérable, Riancourt, qui n'y était entré que sur la recommandation de MM. les archevêques de Bordeaux et de Paris? C'était cependant la confiance trompée de ces deux prélats qui avait causé l'erreur, non de M. Ledru-Rollin, mais du commissaire de la Seine-Inférieure.

Je vais, avec le rapport de MM. Fould, Ducos, de Charencey, Bavoux, Creton, etc., hommes peu suspects de partialité pour M. Ledru-Rollin, suivre les principales dépenses du ministère de l'Intérieur pendant le Gouvernement provisoire; et si l'exposé des faits, que je ne prendrai pas dans les libelles de police, mais dans les documents officiels, provoque l'indignation des honnêtes gens, leur indignation loin d'atteindre le calomnié, retombera sur les auteurs de la calomnie.

J'entre en matière par une anecdote historique, que je connaissais depuis long-temps, mais à laquelle une publication récente, non contredite, de M. F. Degeorge, vient de donner un caractère officiel.

M. Ledru-Rollin avait, dit-on, souscrit des engagements pour une somme importante, sous le règne de Louis-Philippe, dans le but de soutenir le journal la *Réforme*. Après Février, ces dettes ont été remboursées. — Comment? — C'est ce que les royalistes se sont mis peu en peine de rechercher : ils ont préféré calomnier, et dire que M. Ledru-Rollin avait désintéressé ses créanciers avec l'argent qu'il avait volé au Trésor public.

La calomnie, Bazile, le grand maître en cet art, l'a dit, prend des forces en marchant : et plus d'un membre de la Commission spéciale chargée d'examiner les comptes du Gouvernement provisoire était fermement persuadé que M. Ledru-Rollin avait pris 300,000 fr. au Trésor pour payer ses dettes.

Dans le sein de la Commission, on interrogea à ce sujet M. Ledru-Rollin. Voici ce qu'il répondit : « Après le 24 Février, je présumai que mes » créanciers profiteraient de ma position dans le » gouvernement pour exiger le paiement de leurs » créances ; aussi me hâtai-je de me mettre en » règle, en demandant et en obtenant du tribunal » de première instance de Paris l'autorisation » d'emprunter, par hypothèques, sur les im- » meubles appartenant en propre à Mme Ledru- » Rollin. C'est ce que j'ai fait. Consultez les » registres du greffe et du bureau des hypothè- » ques, et ces documents prouveront ce que j'a- » vance ».

M. Creton et un autre membre de la Commission se transportèrent au greffe, vérifièrent les registres, et revinrent confirmer devant leurs collègues les déclarations de M. Ledru-Rollin. Voilà comment M. Ledru-Rollin a remboursé ses dettes personnelles, non avec les fonds de l'Etat, mais avec les ressources particulières de sa famille.

J'ajouterai un autre circonstance d'une nature... plus intime ou plus honteuse, si l'on veut, qui n'a pas été publiée.

On demanda à M. Ledru-Rollin s'il n'avait pas distrait des diamants de la couronne une parure par lui donnée, disait-on, à une célébrité artistique. « — Allez voir, dit M. Ledru-Rollin, véri- » fiez ; je vous attends ici » . — L'accusateur et une autre personne se transportent aussitôt chez la muse, qui répond qu'elle n'a jamais vu M. Ledru-Rollin, et que, pour la parure en question, elle l'a achetée elle-même, il y a long-temps, chez un joailler connu, dont elle montre la quittance.

Ces détails paraissent peut-être peu dignes d'une discussion grave ; mais j'ai cru utile de les rapporter, afin de montrer, encore une fois, jusqu'où la haine a porté ses efforts, jusqu'où les adversaires de M. Ledru-Rollin ont poussé leurs investigations, non-seulement dans les chiffres des pièces de la Cour des Comptes, mais dans la moralité des faits, et enfin combien sont aveugles les préventions qui ont accueilli, pour un temps, toutes les infâmies inventées par la rancune des royalistes, dépossédés de leurs avantages par la République.

Venons maintenant aux chiffres du budget et des crédits :

Les crédits ordinaires du budget de l'Intérieur

ont été employés conformément aux prescriptions
du budget lui-même.

En outre des crédits ouverts par la loi des finances, M. le ministre de l'Intérieur a reçu du
Gouvernement provisoire l'autorisation d'ouvrir de
nouveaux crédits extraordinaires montant ensemble à 6,823,000 fr., savoir : 4,500,000 fr. pour
la garde mobile, 500,000 fr. pour dépenses de
sûreté générale, 950,900 fr. pour la fête de la
Concorde ; 800,000 fr. pour les musées, etc. On
verra bientôt le véritable caractère de ces crédits
qui n'ont pas tous été dépensés intégralement. Ils
se sont répartis sur les divers chapitres du budget,
et la Commission va nous renseigner sur la moralité de leur emploi.

Traitement du ministre et du personnel de l'administration centrale.

« Ce crédit, dit la Commission, loin d'avoir
» été dépassé, subira une forte réduction par suite
» de quelques réformes..... opérées par le minis-
» tre.....

» M. Ledru-Rollin n'a D'AILLEURS TOUCHÉ AUCUN
» TRAITEMENT pendant qu'il occupait le ministère
» de l'Intérieur. Les feuilles d'ordonnancement
» relatives au traitement du ministre *ont été pla-
» cées sous les yeux de votre Commission.* M. Le-
» dru-Rollin a eu sa part dans le crédit de 200
» mille francs accordé par l'Assemblée nationale
» aux membres du Gouvernement provisoire
» (11,500 fr.), *mais il n'a rien reçu en qualité de
» ministre de l'Intérieur...* ».

Voilà qui est formel , je pense. Cependant cela n'a pas empêché le *Courrier de la Gironde* de dire :

« Voici TOUS *les membres du Gouvernement provisoire*
» émargeant quatre-vingt mille francs chacun à titre
» d'honoraires » :

Et le *Mémorial* d'ajouter , par l'organe de M G. Brunet, qui se vante d'être si scrupuleux, si exact dans ses citations :

« ...... Le Gouvernement provisoire, affranchissant
» de la retenue les appointements de ses membres,
» qu'ils avaient fixés à 80,000 fr. par an ».

Je reviendrai plus tard sur la question de la retenue ; mais je constate qu'il est faux que M. Ledru-Rollin et tous les membres du Gouvernement provisoire aient *émargé* 80,000 fr., puisqu'ils n'ont reçu chacun que 11,500 fr. M. Ledru-Rollin a touché cette indemnité allouée aux membres du Gouvernement provisoire par l'Assemblée nationale ; mais, comme ministre, il n'a rien reçu. MM. Th. Ducos, Creton et A. Fould, etc., etc., *ont vu* les feuilles d'émargement constatant ce fait. Cependant, M. G. Brunet, s'abritant, pour dire le contraire, derrière un libelle anonyme, s'écrie : « C'est là un document authentique et inattaqua-
» ble, dont les allégations ne peuvent être contes-
» tées ».

Et c'est pourtant , par suite d'allégations aussi mensongères, que le pays, abusé pendant deux ans, avait conçu contre les auteurs de la République de si fatales et funestes préventions !

Matériel et dépenses des bureaux.

Sur ce chapitre, il a été ouvert un crédit extra-ordinaire de 91,000 fr. Voici, à cet égard, l'opinion du Comité des finances, où dominaient MM. Thiers, Berryer, Faucher, Fould, Gouin, Molé, etc., etc., etc.

« Les événements qui se sont succédé pendant la
» durée du Gouvernement provisoire et de la Com-
» mission exécutive, les publications de toute na-
» ture qui ont été faites, les changements survenus
» parmi les employés et les gens de service, les dé-
» gâts continuels commis par les troupes et par les
» gardes nationales, qui étaient appelées dans l'hô-
» tel pour la sûreté du ministre, ont paru à votre
» Comité des finances des motifs *pour justifier* les
» dépenses de ce chapitre ».

Le Comité ajoute le paragraphe suivant, sur lequel nous appelons l'attention des orléanistes :

« Enfin, une somme de 30,000 fr. a été dépensée
» *sans autorisation*, avant le 24 février, PAR M. Du-
» CHATEL, *pour le renouvellement d'une partie du
» mobilier des appartements du ministre.* Votre Co-
» mité des finances a constaté, par les renseigne-
» ments qu'il a pu recueillir, que, sous le rapport
» de l'utilité, cette dépense pouvait être justifiée,
» *mais elle est complètement irrégulière...* ».

Eh bien! les fondateurs de la République sont-ils donc si coupables d'avoir emprunté, sans frais pour l'État, aux palais nationaux ou au garde-meuble, le mobilier nécessaire au logement de la

Commission exécutive au Luxembourg ? M. Ledru-Rollin a-t-il imité son prédécesseur, qui dé-
pensait *sans autorisation préalable*? Et si vous êtes
forcés de convenir que *l'utilité* d'une dépense *irrégulière* peut la *justifier* en temps ordinaire, quand
il s'agit de M. Duchâtel, ne soyez donc pas si sévères, et reconnaissez, si vous êtes de bonne foi,
que quelques dépenses faites par le Gouvernement
provisoire, en temps de révolution, ont pu, quoique irrégulières dans la forme, être très-utiles et
très-morales dans leur but et dans leur emploi.

J'arrive, en passant deux chapitres sans importance, au crédit qui a été l'occasion des attaques
les plus violentes et les plus répétées :

Dépenses secrètes et ordinaires de sûreté générale.

J'ai déjà répondu sommairement au *Courrier de
la Gironde* parlant « de 1,500 mille francs de
» fonds secrets absorbés en deux mois... ». Je crois
utile de revenir sur quelques détails.

L'emploi des fonds secrets mis à la disposition
de M. Ledru-Rollin a été l'objet des investigations
successives de deux Commissions nommées sur la
proposition de M. Creton, et qui se sont adjoint
cet orléaniste bien connu.

Du travail de ces deux Commissions constam-
ment assistées de M. Creton, il résulte :

Que les fonds secrets ordinaires alloués à
M. Duchâtel s'élevaient à.......... 932,000 fr.

A Reporter........... 932,000 fr.

Report...............	932,000 fr.

Que, sur cette somme, destinée au service de toute l'année, M. Duchâtel avait déjà dépensé, jusqu'au 24 février....................... 255,459 fr.

Que, le 24 février, le fonds disponible entre les mains de M. Ledru-Rollin se trouvait donc réduit à. 676,541 fr.

Que le Gouvernement provisoire a ouvert à M. Ledru-Rollin un crédit extraordinaire de............... 500,000 fr.

Somme qui a élévé la totalité disponible de ce fonds à.......... 1,176,541 fr.

Que, du 24 février au 11 mai, M. Ledru-Rollin a dépensé sur ce fonds................................ 841,867 fr.

Et que M. Ledru-Rollin a laissé en caisse au 11 mai................ 334,674 fr.

Donc, il n'est pas vrai que 1,500 *mille francs* aient été ABSORBÉS *en deux mois* :

1° Puisque la totalité de ce fonds ne s'élevait qu'à moins de 1,200 mille francs;

2° Puisqu'il n'a été dépensé que 841 mille francs;

3° Puisque, enfin, loin d'être *absorbé*, ce crédit n'a pas été employé entièrement, et que M. Ledru-Rollin n'a disposé que des deux tiers environ.

Remarquons, en outre, avec la Commission, qu'il faut encore déduire du compte de M. Ledru-Rollin 104 mille francs dont l'affectation était indiquée par les usages de la monarchie. Cette dé-

falcation réduit donc, en définitive, à 738,000 fr.
la somme dont M. Ledru-Rollin a pu disposer
pendant son ministère.

Quant à la réalité de l'emploi de cette somme,
je ne peux mieux faire que de copier textuellement
les paroles de MM. Creton, Fould, Ducos, etc.

« *L'examen très-attentif* auquel nous nous som-
» mes livrés, en présence de M. Creton et de M. Le-
» dru-Rollin, nous a conduits aux mêmes résultats
» que ceux dont la première Commission vous a
» fait part...

» ..... Au nombre des dépenses figure un grand
» nombre d'allocations de 500, 1,000 et 1,500 fr.,
» accordées à des commissaires du gouvernement
» envoyés, dans les départements, dont nous retrou-
» verons les traces dans l'examen d'un autre cha-
» pitre. On y rencontre des dépenses d'habillement
» pour des gardes nationaux.... des paiements con-
» sidérables de vivres pour des soldats, des ou-
» vriers, des gardes nationaux et des agents de toute
» sorte ; on y voit de fréquentes subventions pour
» des missions extraordinaires à l'intérieur et à
» l'étranger... pour des impressions de toute na-
» ture... et pour une multitude innombrable de
» secours, soit à des ouvriers, soit à des malheu-
» reux recommandés au ministre par leurs antécé-
» dents politiques. Il y a enfin les dépenses extra-
» ordinaires de police et de surveillance générale
» que ne comportait que trop la déplorable crise
» dans laquelle le pays était alors plongé.

» La seule nomenclature de toutes les sommes
» qui forment l'aliment de ce compte exigerait
» douze ou quinze colonnes. Nous les avons énu-
» mérées par catégories. Les détails touchent à

» l'existence ou à la considération d'un grand nom-
» bre d'individus. Ils ne pourraient être rendus à
» la publicité qu'en vertu d'une décision de l'As-
» semblée ».

La suite de cette citation mérite l'attention
toute spéciale du lecteur :

« *Sous tous les régimes, à toutes les époques*, les
» ministres de l'Intérieur ont voulu que certaines
» dépenses concernant la police secrète ne fussent
» connues que d'eux seuls. Dans ce cas, ils avaient
» l'habitude de délivrer, sur leur caisse, des *man-
» dats au porteur* qui n'étaient revêtus que de leur
» signature. Ces mandats n'indiquant pas même le
» nom de la personne à laquelle ils étaient délivrés
» constituaient le seul titre en vertu duquel la
» comptabilité du caissier pouvait être établie et
» justifiée plus tard.

» *Comme sous l'administration de ses prédéces-
» seurs*, M. Ledru-Rollin a délivré un nombre assez
» considérable de ces mandats ; mais, *nous devons
» le reconnaître, il a eu soin de stipuler sur chacun
» d'eux*, à l'exception de cinq ou six peut-être pour
» des sommes de peu d'importance, l'*énonciation,
» soit de la cause qui les avait motivés, soit l'ini-
» tiale du nom de celui à qui ils étaient destinés*.

» Grâce à cette précaution *que les ministres pré-
» cédents n'avaient pas cru devoir prendre*, parce
» qu'ils ne rendaient compte qu'au roi seul de l'em-
» ploi de leurs fonds secrets, il nous a été possible
» non-seulement de constater l'importance totale
» à laquelle s'élèvent les mandats au porteur.....
» mais encore de réclamer et d'obtenir de M. Le-
» dru-Rollin des explications sur chacun d'eux...
» Nous lui avons demandé ces explications, et pen-

» dant une séance de plus de deux heures, consa-
» crée exclusivement à ce compte-rendu, la Com-
» sion *a poussé ses investigations aussi loin qu'elle*
» *pouvait le faire.* ELLE A EU LA JUSTIFICATION MO-
» RALE DE L'EMPLOI DU CRÉDIT ».

Voilà ce qu'avouent les adversaires politiques ou
les ennemis personnels de M. Ledru-Rollin. Ils
n'ont pas épargé la censure sur l'inopportunité de
quelques dépenses, quand ils en ont trouvé l'occasion, on le verra plus tard ; mais ils sont forcés
d'avouer que l'*emploi moral* est justifié. Cette justification morale de l'emploi des fonds secrets, un
ministre républicain l'a donnée pour la première
fois. Pendant la Restauration et sous Louis-Philippe, les ministres royalistes ont eu en main des
millions, dont ils n'ont rendu compte qu'au roi,
c'est-à-dire à personne, car le roi ne pouvait pas,
ni probablement ne voulait pas en vérifier l'emploi.
MM. Thiers, Montalivet, Duchâtel, etc., ont ainsi
disposé de vingt millions peut-être. Nos honnêtes
royalistes ne leur disaient pas : « *Quand rendrez-*
» *vous vos comptes?* » C'est le premier ministre de
la République, M. Ledru-Rollin, qui, avant de
prévoir les attaques dont il a été l'objet, alors
même qu'il était entouré des courtisans de la dé-
funte royauté, a, de lui-même, répudié la tradition
complaisante de la non-responsabilité des fonds secrets, en tenant note de tous ceux qu'il distribuait.

Cependant le *Courrier* et le *Mémorial* n'ont pas
craint de dire, avec leur correspondant, à l'occasion des fonds secrets :

« Sous la monarchie, ON JUSTIFIAIT... ».

On ne saurait trop le répéter : pour connaître la vérité sur la République et les républicains, il faut prendre presque toujours le contraire de ce que disent nos journaux honnêtes et modérés.

J'examinerai dans un autre paragraphe la suite des dépenses du ministère de l'Intérieur.

Je termine, pour le moment, en reproduisant le jugement de la Commission sur la partie de ces dépenses qui a donné lieu aux calomnies les plus persistantes :

« ..... Nous devons le déclarer, parce que *notre*
» *devoir* nous y oblige et que *notre loyauté* nous en
» fait la loi, la TOTALITÉ DE LA SOMME ORDONNANCÉE
» *a été justifiée....* ».

§ VI.

Le ministre de l'Intérieur du Gouvernement provisoire a disposé, ainsi que je l'ai dit d'après la Commission chargée d'examiner les comptes, d'une somme totale de 738,000 fr., à titre de *fonds secrets et de sûreté générale.*

Sous la monarchie, les ministres de l'Intérieur ne rendaient aucun compte financier de l'emploi des deux millions de fonds secrets, chiffre annuel de ce crédit.

Sous la République, M. Ledru-Rollin, le premier, a justifié de l'emploi de ces fonds et a ainsi démontré, par pièces et recus, que, personnellement, il n'avait pu profiter d'un seul centime de ce fonds, pas plus que des autres crédits affectés aux services *publics*.

La Commission, elle l'a proclamé elle-même par l'organe de son rapporteur « a eu la *justifica-* » *tion morale* de l'emploi de ce crédit » ; mais, sur ces 738,000 fr., le ministre de l'Intérieur a disposé d'une somme de 123,000 fr. dont elle a blâmé l'emploi. Ces 123,000 fr. avaient servi à indemniser, à raison de 6, 8 et 10 fr. par jour des individus commissionnés par le *club des clubs*, pour aller, dans les départements, travailler l'esprit public à l'effet de préparer des élections républicaines.

Quelques-uns de ces délégués furent choisis, il faut le reconnaître, avec assez peu de maturité. Sous le rapport politique, surtout, ces délégués, qu'il ne faut pas confondre avec les *commissaires* des préfectures, n'offraient peut-être pas toutes les garanties que faisait supposer leur mission. Toutefois, ce n'est pas tant le choix du personnel, que la Commission trouve blâmable, que le but de la mission donnée à ces délégués. Influencer les élections ! « A toute époque, disent avec une ver-» tueuse dignité, MM. Bavoux, Fould, Ducos, » etc., la France a voulu que les élections fussent » libres.... ».

Cela est parfaitement vrai. Mais pourquoi nos puritains dynastiques réservent-ils donc les foudres de leur indignation pour les délégués des *Clubs des*

Clubs ? Leur pudeur n'aurait certainement rien perdu de sa chasteté, si, sans acception de parti, elle se fût montrée aussi rigoureuse contre les influences électorales réactionnaires que contre les influences électorales révolutionnaires.

Comptons un peu à notre tour,

Quel est le fonctionnaire, pendant le Gouvernement provisoire, qui a été, non pas destitué, mais seulement menacé, pour cause d'élection ? Ces fameux délégués du *Club des Clubs* que faisaient-ils ? Pas grand chose, assurément. Pour débarrasser Paris de la présence solliciteuse de quelques-uns d'entre eux, on leur avait dit d'aller répandre les idées républicaines dans les réunions électorales. Eh bien ! comparez la moralité de ces influences inutiles, inconvenantes, si vous le voulez, mais à coup sûr sans caractère officiel et sans puissance possible d'intimidation, avec ce que nos puritains dynastiques tolèrent sous le régime moral de la réaction honnête et modérée. Quelle est l'influence véritablement coupable? Celle d'un individu plus ou moins connu et toujours sans pouvoir, parlant dans une réunion d'électeurs libres de l'écouter, de l'applaudir, de le siffler, et même de le mettre à la porte, ou bien celle du maire d'une grande ville, imposant directement ou par ses agents, par exemple, à tous les pauvres d'un hospice, à tous les employés de la mairie, à tous les employés de l'octroi, l'obligation de voter pour la liste royaliste, sous peine d'expulsion, et destituant les malheureux employés ou préposés qui ont risqué leur pain pour rester fidèles à leur conscience ? Où est le crime ? Dans les phrases sans effet d'un délégué du *Club des Clubs*, ou dans l'action réelle, toute puissante d'un préfet, exilant des douaniers, révoquant des maires, des instituteurs, des gardes-champêtres, des agents-voyers, même des cantonniers, parce que ces citoyens ont voulu exercer librement, consciencieusement, un acte dont la loi du pays leur garantit la liberté, et dont elle promet de défendre le libre exercice contre toute contrainte morale, sous peine de forfaiture ?

Tout cela est permis et moral, en 1849. Ruiner une famille, parce que son chef a voté pour des républicains sous la République, c'est bien employer le traitement que le budget accorde au préfet pour assurer la liberté des élections. Mais, en 1848, avoir envoyé des missionnaires pour agir uniquement par la persuasion, c'est **un** crime « que » la France entière a condamné à toute époque».... Aussi la Commission propose-t-elle de rejeter le crédit de **123,000 fr.**, et de le laisser au compte du ministre de l'Intérieur.

Si nos censeurs agissaient toujours avec autant d'impartialité que de sévérité, il n'y aurait pas, au point de vue de la politique, à réclamer contre leur proposition. Oui : les élections doivent être faites avec une entière liberté, et le gouvernement quel qu'il soit ne doit faire servir ni ses agents, ni les fonds du trésor, pas même *les fonds secrets* dont il s'agissait uniquement dans cette circonstance, à influencer même moralement les élections. Si MM. Fould, Creton, Ducos, de Charencey, etc., etc., membres de la Commission, étaient montés, plus tard, à la tribune pour blâmer les abus d'influence administrative commis par leurs amis politiques, ils auraient eu le droit de formuler un blâme envers M. Ledru–Rollin. Mais leur mutisme ou leur complaisante indulgence pour les abus d'influence réactionnaire des préfets en 1849, leur ôtent le droit d'être sévères pour les influences républicaines de 1848.

Arrêtons-nous ici sur la preuve de la partialité politique qui inspire tous les jugements de nos royalistes.

Sous le point de vue moral :

MM. Ducos, Fould, Creton, Bavoux, de Charencey, etc., obtiennent de leurs collègues républicains de la Commission, et prononcent un blâme contre M. Ledru–Rollin ; et, l'année suivante, ils ne trouvent rien à dire à la tribune, sur les manœuvres électorales des préfets de la réaction !

Le Comité des finances, où dominent les mêmes personnages avec leurs amis, ne prononce qu'une bénigne censure contre M. Duchâtel convaincu d'avoir dépensé, pour des installations personnelles, une somme dont aucun crédit ne l'avait autorisé à disposer !

Sous le point de vue fiscal :

La Commission des comptes a la conviction...
« que le Gouvernement provisoire *avait effective-*
» *ment autorisé* le ministre de l'Intérieur à affecter
» une somme d'une certaine importance à l'envoi
» de délégués... ». Elle sait qu'il y avait donc double autorisation : d'abord, l'ouverture du crédit général des fonds secrets que le ministre pouvait

dépenser à sa guise sans en rendre compte : et en second lieu, une autorisation spéciale; et , néanmoins, son rapporteur, M. Ducos, propose un laissé pour compte !

D'un autre côté, M. Duchàtel dépense, non plus sur le crédit libre des fonds secrets, mais sur le chapitre spécial ordinaire du *matériel et dépenses de bureau*, une somme de 30,000 fr. *sans autorisation*, et le Comité des finances ne la laisse pas au compte du ministre royaliste, elle en charge le trésor public !

Voilà comment les républicains sont jugés par les royalistes !

La proposition de la Commission, on ne saurait en douter, ne serait homologuée par aucun tribunal : elle bouleverse tous les principes de la responsabilité financière. Un exemple va le démontrer.

Supposons, en effet, qu'à Bordeaux, un nouveau conseil municipal vote la révision des comptes de M. le Maire, demande la justification de l'emploi *du fonds de police secrète et du fonds d'aumônes*, ensemble 22,000 fr. par an, et que, mécontente de la distribution de ces fonds, une commission propose d'en laisser la dépense à la charge de M. Gautier, M. le maire ne serait-il pas en droit de faire cette réponse ?

« — D'abord le *fonds d'aumônes* a été voté par le
» Conseil municipal pour être distribué en aumônes
» et secours selon mon appréciation personnelle ;
» donc, je n'ai pas de compte à rendre de l'em-
» ploi de ce fonds. —

» Secondement, le fonds de *police secrète* 12,000

» francs, a été voté par le Conseil pour être égale-
» ment employé en dépenses *secrètes* dont je peux
» légalement refuser d'indiquer l'emploi. Si , lors-
» que les crédits ont été votés , le conseil , (le gou-
» vernement municipal,) avait ordonné que l'em-
» ploi de ce crédit serait justifié , je serais obligé
» de faire la justification demandée ; mais comme
» le gouvernement municipal, qui a ouvert régu-
» lièrement ces crédits , n'a pas posé cette condi-
» tion, je ne suis pas tenu de l'exécuter. Disposez
» pour l'avenir , mais le passé ne m'oblige à au-
» cune reddition de compte pour ces services se-
» crets ».

M. Gautier, dans le cas, où, néanmoins, il
consentirait, comme M. Ledru-Rollin , à faire con-
naitre l'emploi du crédit en question , serait, à plus
forte raison , dans son droit de décliner la responsabilité financière de l'emploi de ces fonds , si, par
haine politique , le nouveau conseil municipal voulait laisser à sa charge le montant de ces deux crédits, — car ces crédits ont été ouverts régulièrement pour être employés , sous sa responsabilité
purement morale. La responsabilité financière n'est
encourue que lorsque l'administration *dépasse* le
crédit , et seulement pour l'excédant de ce crédit ;
mais du moment que le maire est demeuré dans les
limites spéciales du chapitre ou de l'article du budget , sa responsabilité est à couvert.

Eh bien! M. Ledru-Rollin s'est trouvé placé dans
une position absolument identique. La monarchie
et le Gouvernement provisoire, gouvernement alors
légal et reconnu , avaient ouvert des crédits ordi-

naires ou extraordinaires, mais réguliers, pour
dépenses de sûreté générale, c'est-à-dire, pour être
dépensés par le ministre de l'Intérieur, sans indication publique d'emploi, et sans autre spécialité
que celle de la *sûreté générale* et l'intérêt de la
République. Blâmez, si vous voulez, le Gouvernement provisoire d'avoir ouvert ce crédit, vous en
avez le droit; mais ne blâmez pas le ministre, l'a-
gent qui n'a fait que se conformer à une décision
du pouvoir légal.

La Commission a donc manqué de logique autant que d'équité en proposant de laisser à la charge
de M. Ledru-Rollin cette somme de 123,000 fr.,
fraction d'un crédit dont le ministre a justifié
l'emploi, mais qu'il pouvait légalement employer
en totalité sans en rendre compte à personne.

J'ai cru devoir insister sur les incidents et sur le
caractère de cette proposition de la Commission,
afin de bien faire connaître l'esprit très peu bien-
veillant et même hostile auquel elle a obéi en ce
qui touche M. Ledru-Rollin. On voit que lorsqu'elle
a cru trouver une occasion de blâme, elle s'est em-
pressée de l'accueillir, sans même se rendre compte
du fondement légal de ses préventions. On doit
donc en conclure que, si, là seulement, elle se
montre sévère, c'est que nulle part ailleurs elle n'a
pu apercevoir le moindre prétexte de censurer la
gestion financière de l'ancien ministre républicain.

J'arrive, en négligeant quelques chapitres sans
importance, aux *traitements des commissaires*.

§ VII.

Nous avons le bonheur de posséder, en France, sans compter l'armée de terre et de mer, quelque chose comme cinq cent mille fonctionnaires.

Sous Louis-Philippe, il fallait justifier de principes royalistes, comme à présent, pour occuper un emploi royal, départemental ou municipal. Lorsque vint la République, le Gouvernement provisoire pensa que les fonctionnaires qui s'étaient fait remarquer par leur ardeur monarchique devaient être remplacés par des républicains. Grande fut, on le comprend, l'émotion des gens en place ; plus grande fut la colère des titulaires des fonctions politiques, préfets, sous-préfets, procureurs du roi, diplomates, etc., etc., qui commencèrent, le lendemain de leur révocation, une guerre acharnée contre leurs successeurs. Telle est l'origine de cette calomnie qui, depuis trois ans, répétée tous les jours par la bouche affamée de cinq ou six cents administrateurs *dégommés*, abuse de quelques faits isolés, les amplifie, les généralise, en invente au besoin de nouveaux, pour flétrir de ses mensonges tous les agents de la République.

Les *commissaires* des départements ont eu la plus grande part dans ces attaques. Cela devait être : ils remplaçaient ces préfets et sous-préfets que la *nation officielle* avait colloqués en échange de ses votes. La nation officielle répétant le mot du maître, « *ne se sentait pas corrompue* ». Le trafic des places administratives était à ses yeux un

commerce comme un autre. Pour dix voix électorales, une croix ; pour vingt voix, une justice de paix ; pour cent voix, une sous-préfecture, etc. Les places avaient donc été, pour ainsi dire, *achetées* : les révoqués étaient donc *volés*, et leurs successeurs ne pouvaient être que des voleurs. C'est en effet, ce que redisent tous les échos *honnêtes et modérés* : « Les commissaires de Ledru-
» Rollin ont ruiné le trésor ; c'est pour payer leurs
» *quarante francs* » *par jour* que l'on a imposé les
» quarante-cinq centimes ; ce sont leurs dilapi-
» dations qui ont englouti les millions laissés par
» la monarchie ; tandis que sous Louis-Philippe,
» préfets et sous-préfets se contentaient de petits
» traitements tellement modestes, que les pauvres
» fonctionnaires y mettaient du leur ; ils adminis-
» traient à leurs dépens, tant ils étaient désintéres-
» sés..... etc., etc. ».

MM. Ducos, Fould, Creton, de Charencey, Bavoux seraient assez de cet avis, quoiqu'ils ne l'expriment pas explicitement. Ils soutiendraient, s'ils l'osaient, que la Restauration, qui, en 1814 et 1815, destitua et remplaça tous les fonctionnaires de l'Empire, *même les magistrats inamovibles*, a conservé et devait conserver les préfets de Napoléon ; que Louis-Philippe et M. Guizot, qui, « mal-
» *gré l'adhésion du pays tout entier à la révolution*
» *de Juillet*, » destituèrent tous les préfets et sous-préfets de Charles X, n'ont apporté aucun changement au personnel administratif de la Restauration ; que, par conséquent, « *en présence de l'ac-*
» *ceptation de la révolution de Février par le pays*

» *tout entier*, en présence de *l'adhésion de la France*
» (ils l'avouent), il n'était pas nécessaire de révo-
» lutionner toutes les administrations départemen-
» tales ».

Les bonapartistes font chorus avec les orléanistes pour blâmer, tous ensemble, les destitutions
des préfets de Louis-Philippe. Cependant, après
le 10 décembre, qu'a fait M. Bonaparte? N'a-t-il
pas destitué tous les administrateurs républicains?
On comprendrait les récriminations de ses fidèles
contre la nomination des commissaires, si M. Bonaparte avait replacé tous les anciens administrateurs de Louis-Philippe : mais point ; sauf un petit
nombre d'exceptions , les administrateurs actuels
sont , en général , des hommes nouveaux recommandés par leur dévouement, sincère ou non, mais
affiché et bruyant , au pouvoir exécutif actuel, à
M. Bonaparte.

Reconnaissons-le donc, le Gouvernement provisoire de la République a fait comme ont fait et
comme feront tous les gouvernements nouveaux.
Responsable envers la République, il a dû délé-
guer ses pouvoirs à des fonctionnaires sympathi-
ques à la République ; en agissant autrement, il
eût été ridicule, il eût manqué à tous ses devoirs.

Examinons la conduite financière et politique
de ces *commissaires*.

Savez-vous combien de *millions* ont dépensé,
outre leurs honoraires, ces commissaires insatia-
bles ?... 174,000 fr. Sont-ils donc les auteurs de
la ruine du trésor public ?

« Ils se sont permis, dit le *Courrier de la Gi-*
» *ronde*, des dépenses extraordinaires assez peu
» justifiées... ». Ce mot *ils* s'applique évidemment
à *tous* les commissaires ou du moins au plus grand
nombre d'entre eux. Or, j'ai dépouillé, à ce sujet,
le volumineux rapport de la Commission qui, à
chaque page, affirme et prouve, il faut lui rendre
cette justice, que rien ne lui est échappé. Voici le
résultat de ces recherches.

Sur quatre-vingt-six départements, l'examen
le plus détaillé de la comptabilité a démontré que,
dans quarante-cinq départements, ces fameux
commissaires, ces prétendus dilapidateurs, n'ont
pas dépassé d'un centime les crédits ordinaires, et
que leurs comptes réguliers ne donnent lieu qu'à
des éloges.

Donc, la *majorité* des commissaires *ne s'est pas
permis des dépenses extraordinaires.*

Dans treize départements, des excédants de dépenses ont été *approuvés* par la Commission.

Dans huit autres départements, l'appréciation
es excédants a été ajournée.

Enfin, dans vingt départements, la Commission
blâme des dépenses faites irrégulièrement, ou, selon elle, sans motifs suffisants.

Le total des dépenses non approuvées n'atteint
pas 100,000 fr.

On va juger si le blâme de la Commission sup-
pose l'immoralité des commissaires.

Dans ces 100,000 fr. figure une somme de
2,200 fr. accordée *à l'ancien préfet* de Louis-Philippe dans le département de l'Ain, pour indem-

nité *des pertes que lui a fait subir la révolution.*
Dans le même département, 2,500 fr. ont été
accordés à un commissaire appartenant à l'opinion *honnête et modérée.*

Dans le Doubs, dans la Somme où la préfecture
a été envahie, la Commission refuse d'admettre la
légitimité des dépenses secrètes, montant à 25,000
francs environ, somme fournie sur le crédit des
fonds secrets du ministère de l'Intérieur.

Dans le plus grand nombre de ces départements, les dépenses repoussées ont pour cause des
impressions de listes ou de bulletins pour les élections.

De dépenses non justifiées par pièces ou reçus,
il n'y a guère que les 20,000 fr. de fonds secrets
de la Somme. Et ces fonds, on ne l'oublie pas,
avaient été donnés au commissaire pour être
employés en dépenses secrètes. Il aurait pu, comme
M. Ledru-Rollin, ne pas se prévaloir de son silence ; mais, enfin, en n'indiquant pas les noms
des part-prenants de ces *fonds secrets,* il a imité la
conduite de tous les ministres de Louis-Philippe,
de tous les maires de Bordeaux, etc. Est-il donc
nécessairement coupable ?

Il y a eu quelques dépenses abusives, cela est
vrai ; mais elles sont très-peu importantes. Parmi
ces abus, on doit ranger une somme de 6,762 fr.,
portée en compte par le commissaire-général de la
Haute-Garonne, pour frais de table. Ici, la censure de la Commission est fondée. La Commission
a encore raison de blâmer trois commissaires généraux. L'un d'eux, dont le ressort administratif

embrassait deux départements, a touché une double indemnité ; les deux autres ont touché une partie de leurs honoraires, le premier pendant dix jours, le second pendant un mois, sur le pied de l'ancien traitement des préfets auxquels ils succédaient.

En faveur de ces derniers, on doit cependant faire observer que, dès qu'ils ont connu la décision postérieure du Gouvernement provisoire qui fixait l'indemnité de tous les commissaires au taux uniforme de 40 fr. par jour, ils s'y sont soumis.

Les journaux de la réaction font grand bruit de ces trois faits uniques ; mais ils se gardent bien de parler de M. Pyat, qui a refusé toute indemnité dans le Cher, ni des commissaires de la Loire-Inférieure, du Var, de Vaucluse et de l'Ariége, et d'autres départements non désignés dans le rapport, qui ont également refusé tout traitement.

Sauf trois ou quatre exemples d'encaissements qui, sur plus de cent commissaires, peuvent présenter un caractère personnel, toutes ces dépenses montant, d'après la Cour des Comptes, à 174,000 francs, au lieu de millions dont on parlait, ont presque toutes été justifiées, non peut-être dans la régularité de leur forme, mais par l'indication de leur emploi. Elles comprennent, pour la presque totalité de l'excédant, des frais reconnus légitimes, des subventions de la caisse des fonds secrets, lesquelles, dès-lors, légalement, n'avaient pas besoin de justifications détaillées, et, enfin, des remboursements aux compagnies de chemins de fer pour les places qu'elles avaient souvent *offertes*, dans leurs convois, à des corps de gardes nationales. L'emploi de cet excédant de dépenses a pu ne pas paraître nécessaire, mais il a été prouvé, démontré, que ces fonds n'avaient pas personnellement profité aux commissaires. Le blâme n'atteint donc, en réalité, que deux ou trois agents, et pour moins de 10,000 fr. Voilà, en définitive, à quoi se réduisent ces vols, ces dilapidations qui, dans les libelles réactionnaires, ont déshonoré les commissaires de Ledru-Rollin et ruiné les finances de l'Etat !

De quelles invectives l'indemnité de 40 fr. n'a-t-elle pas été le prétexte contre ces commissaires? Sait-on cependant le chiffre de l'énorme surcharge que cette dépense a imposée au trésor? MM. Ducos et Fould vont vous l'apprendre :

« Le traitement des préfets, pendant le même
» espace de temps, se serait élevé, conformément
» au budget voté pour 1848, à 426,250 fr. ».

Le traitement des commissaires du Gouvernement, pour trois mois en moyenne, se serait élevé à 455,000 fr. Il aurait donc excédé celui des préfets d'environ 28,750 fr.!

Les millions du Trésor absorbés, dans les journaux royalistes, par les fameux quarante francs des commissaires, se réduisent donc au plus à *vingt-huit mille francs!*

Et notez bien que cette somme entre dans le chiffre total de l'excédant général des dépenses départementales évalué d'abord approximativement par la Commission à 180,000 fr., et liquidé, définitivement, par la Cour des Comptes, à 174,000 fr.

Nos feuilles de police trouvent exorbitant l'honoraire de 40 francs par jour. Avant de nous prononcer à ce sujet, remarquons que ces fonctions étaient temporaires ; qu'elles imposaient aux titulaires un déplacement imprévu et l'abandon de leurs affaires particulières. Remarquons encore que ce chiffre de 40 francs contre lequel s'élève le désintéressement de nos modérés, est justement, si je ne me trompe, celui de l'indemnité qu'ils réclament lorsque, délégués des municipalités, des banques locales, des compagnies industrielles, ils se font charger de quelque mission temporaire auprès des ministres. Remarquons, enfin, que presque tous les préfets de Louis-Philippe touchaient une somme au moins égale, et que nos vertueux journaux royalistes qui déclament contre les 40 francs des commissaires, trouvaient très-bien que les préfets de Bordeaux, de Toulouse, de Rouen, de Marseille, de Lille, reçussent, non pas quarante, mais *cent* francs par jour de traitement fixe, à raison de 36,000 francs par an.

Sous le rapport politique, quels sont donc les abus de pouvoir, les actes de tyrannie que l'on peut reprocher à ces commissaires, à ces terribles proconsuls ?

Quelques-uns avaient le titre de Commissaires généraux de deux ou trois départements.

Cette création s'explique par la nécessité de faire inspecter, en évitant les lenteurs de la centralisation, un personnel entièrement nouveau dans

ses fonctions. Et d'ailleurs, cette création temporaire de quelques Commissaires généraux, n'était-
elle pas plus motivée, en temps de révolution, que
n'est fondée la présence à Lyon de M. Lacoste,
où il remplit, depuis plus de deux ans, les mêmes fonctions, avec le même titre, et sans aucun
doute, avec plus de quarante francs par jour ?

Quels étaient donc les pouvoirs dictatoriaux de
ces commissaires ? Peut-on comparer leurs attributions à celles que la réaction a données aux généraux commandant les divisions militaires ? Les
commissaires ont-ils suspendu l'action de la justice ordinaire ? Avaient-ils le droit d'arrêter tous
les droits, toutes les libertés ? Ont-ils détruit,
comme M. de Castellanne à Lyon, la liberté de
la presse ? Ont-ils proclamé l'état de siége ?

Admirez la loyauté du langage de nos royalistes ! La République a payé les dettes de la Monarchie, et ils accusent la République d'avoir
ruiné les finances. La République réduit les traitements de ses agents, et les royalistes disent que
ces traitements épuisent le trésor. La République
observe toutes les lois, respecte toutes les libertés ;
et les royalistes qui tiennent une moitié du pays
sous la juridiction des conseils de guerre, et l'autre moitié sous la menace de l'état de siége, déclament contre la *tyrannie des proconsuls de Ledru-
Rollin !*

Le pays ne se laisse plus tromper par ces jésui-
tiques mensonges.

La réaction a cru trouver une bonne fortune

dans les comptes du département de la Seine. Le *National* avait préparé l'avénement de la République, en éclairant la bourgeoisie sur le système de Louis-Philippe. M. Marrast ne dirigeait pas le *National*, mais il en était l'écrivain le plus brillant, le plus connu. M. Marrast a été préfet de la Seine; donc, sus à M. Marrast. « M. Marrast a dilapidé » 14 millions , et ne pouvant en justifier l'em- » ploi, il dit qu'il a brûlé ses comptes ». Voilà ce qui se lit , depuis trois ans , dans tous les libelles royalistes.

Je suis de ceux qui pensent que M. Marrast aurait pu mieux employer , dans l'intérêt de la République , l'influence que les circonstances lui avaient donnée en 1848. Mais je pense aussi que M. Marrast n'a pas détourné à son profit un seul centime des fonds qu'il a reçus ou ordonnancés , et que les royalistes qui , sans le croire , l'accusent d'avoir brûlé ses comptes pour ne pas justifier de *quatorze millions* dépensés par la préfecture de la Seine , commettent une action peu honorable.

Quant à ces 14 millions , les comptes ont été si peu brûlés , que M. Berger , le *modéré* , le préfet de la réaction , a écrit qu'ils avaient tous été produits avec *soixante-cinq mille pièces à l'appui.* Nous n'avons donc pas à nous en occuper. Je vais résumer seulement les faits qui ont servi de pré-texte à toutes les calomnies dirigées contre le fonc-tionnaire républicain afin d'atteindre la Républi-que.

Le préfet de la Seine touchait , à divers titres , sous Louis-Philippe , 117,000 fr. par an.

M. Marrast a occupé la mairie-préfecture de la Seine pendant 131 jours, période pendant laquelle M. Rambuteau aurait touché 41,941 francs. M. Marrast a touché 51,498 francs. *Dix mille francs !* Voilà donc les sommes énormes dont la préfecture de M. Marrast a chargé les finances de l'État.

Ces 51,000 fr. donnés à M. Marrast, tant à titre de traitement que de subvention, sur les fonds secrets de l'Intérieur ou des Affaires étrangères, ont été employés par lui, pour la plus grande partie, en *dépenses secrètes.* Ces dépenses secrètes, M. Marrast n'était pas tenu de les justifier. Il ne les avait pas toutes enregistrées, on le comprend : les notes que, cependant, on avait gardées de quelques-uns de ces paiements montant à 16,000 fr., ont été détruites, le 15 mai : les autres notes conservées ont été présentées à la Commission qui a acquis la conviction, d'après les témoignages recueillis, que les sommes reçues par le maire de Paris avaient été distribuées dans l'intérêt du parti *honnête et modéré.*

C'est à l'occasion de cette somme de *cinquante-un mille francs* comprenant le traitement normal du préfet, et des fonds accordés pour être affectés à des dépenses *secrètes*, que la réaction dit, répète, imprime et réimprime, que M. Marrast a dépensé *quatorze millions*, et que M. Marrast a *brûlé ses notes !*

Que résulte-t-il donc de tout ce bruit ? — Le voici :

1° Les *Commissaires* du Gouvernement provisoire ont été individuellement moins rétribués que les préfets de la monarchie ;

2° Leurs dépenses extraordinaires n'ont pu ruiner la France , puisqu'elles n'ont pas dépassé la somme de 174,000 fr. , dont la majeure partie a reçu une affectation approuvée par la Commission.

Tels sont les résultats auxquels sont arrivés , après plus de six mois de recherches , d'investigations, d'inquisitions , de préventions , MM. Th. Ducos , Fould et compagnie.

Je terminerai cette revue par l'examen des dépenses spéciales des membres du Gouvernement provisoire , et des comptes du ministère des Finances.

§ VIII.

Ceux de nos lecteurs qui ont suivi les détails , trop longs , sans doute, mais nécessaires, dans lesquels j'ai été obligé d'entrer, afin de prouver, par les faits et par les documents officiels, la fausseté calomnieuse des accusations dirigées contre la gestion financière du Gouvernement provisoire , ont dû remarquer que les dépenses *ordinaires*, autorisées , prescrites par le budget monarchique , n'ont donné lieu , en général, qu'à de très-faibles augmentations, nulles, pour ainsi dire, sous le rapport de leur chiffre, justifiées, en tous cas, par la Commission, et plus que compensées, pour le plus grand nombre d'entre elles, par les économies introduites dans les services respectifs des ministres républicains.

L'accroissement des dépenses, en 1848, a eu pour cause principale les nécessités de la situation faite à la République par les fautes financières de la monarchie, et, en second lieu, les exigences de la politique, qui ont imposé à la fortune du pays des sacrifices moins lourds, cependant, que ceux que nous ont coûtés les établissements monarchiques antérieurs.

Je vais tâcher, maintenant, de présenter l'exposé des opérations financières du Gouvernement de Février. Mais je dois, auparavant, compléter la justification de quelques dépenses *extraordinaires* du ministère de l'Intérieur.

J'ai dit précédemment, et je rappelle que les *crédits* extraordinaires ouverts au ministre de l'Intérieur, M. Ledru-Rollin, étaient au nombre de cinq, savoir : pour la Garde-mobile, 4,500,000 fr. ; pour la sûreté générale, 500,000 fr. ; pour la fête de la Concorde, 950,000 fr. ; pour la cérémonie de la distribution des drapeaux, 75,000 fr. ; pour les musées nationaux, 798,000 fr. — Ensemble, 6,823,000 fr.

L'emploi du fonds de *sûreté générale*, confondu avec les *fonds secrets* a été surabondamment justifié. Le ministre a laissé dans la caisse des *fonds secrets*, en quittant le pouvoir, 334,000 fr. Je n'y

reviendrai pas. Sur le crédit de la garde-mobile,
montant à 4,500,000 fr., M. Ledru-Rollin, pendant son ministère, n'a ordonnancé que 3,250,159
francs. Sur les 798,000 fr., crédit des musées nationaux, dépense transférée de la liste civile au ministère de l'Intérieur, M. Ledru-Rollin n'a ordonnancé que 32,457 fr. Enfin, sur les 950,000 fr.,
chiffre présumé des frais de la fête de la Concorde,
liquidés à 848,000 fr., il n'a été dépensé, sous
l'administration de M. Ledru-Rollin, qu'une faible
portion de cette somme. « La majeure partie, dit
» la Commission, a été ordonnancée par ses successeurs ».

Toutes ces dépenses, excepté la dernière, n'ont
fourni à la Commission aucune occasion de critique;
mais les frais de la fête de la Concorde lui ont paru
excessifs, quoique justifiés sous le rapport de la
comptabilité scrutée jusqu'en « *ses moindres détails* ».

Ce blâme a été reproduit avec ardeur par tous
les libelles qui illustrent nos journaux royalistes ou
impériaux. Ces vertueux censeurs ont fait à ce sujet des phrases charmantes, chacun d'eux a dit
son mot, et nous avons même vu, dans la dévote
Guienne, le bon M. Tartuffe garder son mouchoir
dans sa poche et lancer de gaillardes épigrammes
sur les fleurs qui paraient « *le sein palpitant des
» jeunes vierges.....* » Accordons à ces messieurs
que la fête a coûté trop cher, et qu'on aurait peut-
être mieux fait de laisser ces jeunes filles auprès de
leurs mères. Mais rappelons, cependant, à nos con-
frères royalistes, que les dépenses de cette fête sont

peut-être mieux justifiées que celles du *vaisseau de* Juillet, sous l'intendance de leur patron M. Thiers. Rappelons, en outre, à nos journaux bordelais, que les brèches faites à notre caisse municipale, par les fêtes données aux princes bourboniens aînés et cadets, ne sont pas encore réparées; que nous n'avons pas oublié les gaspillages de la salle du bal de la duchesse de Berry, au Jardin public, ni les 200,000 fr. de la réception du duc d'Orléans, ni les pavillons payés 24,000 fr., c'est-à-dire quinze fois leur valeur; et qu'enfin, ils viennent d'applaudir aux fleurs et aux vierges présentées à M. Bonaparte dans ses récents voyages. Nos royalistes devraient aussi comprendre que la morale et la dignité de la nation ont bien moins souffert de la présence de jeunes filles du peuple à la fête de la Concorde, que des promenades de nobles comtesses en croupe des Cosaques, dans les premiers jours de la Restauration.

Le ministre des Finances ne fait pas, pour ainsi dire, de dépenses par lui-même : son office est de pourvoir à celles qui ont été ordonnancées par les autres ministres.

La Commission n'a pas trouvé un mot de reproche contre les opérations de ce ministère. Après avoir énuméré les chapitres du budget et reproduit les sommes payées pendant le Gouvernement provisoire, la Commission ajoute :

« Parmi ces nombreuses dépenses, il en est très-
» peu sur lesquelles nous devions appeler l'attention
» de l'Assemblée. Presque toutes ont été prévues

» par le budget de 1848, et n'ont pas franchi les pré-
» visions de ce budget. Il en est seulement quel-
» ques-unes qui doivent être, de notre part, l'objet
» d'une mention particulière ».

Ces dépenses sont : 1° Un crédit de 201,000 fr.
en faveur des membres du Gouvernement provisoire, sur lequel je reviendrai bientôt, et qui,
d'ailleurs, est approuvé ; 2° un crédit de 30,000
francs pour secours aux blessés de Février.— Approuvé ; 3° un crédit de 281,000 fr. pour remboursement des prêts de 10 fr. et au-dessous faits,
du 1er au 26 février, par le Mont-de-Piété.— Approuvé; 4° un crédit de 3,937,000 fr. pour les
comptoirs d'escompte. Le rapporteur critique l'ins-
titution, mais la Commission approuve la dépense.

En somme, la Commission est d'avis que toutes
les opérations des ministres des Finances du Gouvernement provisoire ont été régulièrement justifiées.

C'est ici l'occasion de s'arrêter un moment sur
les résultats financiers de la première année de la
République.

Les dépenses de 1848, disent les journaux royalistes, se sont élevées au chiffre de 1,746 millions :
c'est, dit M. G. Brunet, 150 millions environ de
plus qu'en 1847. Pour se former une opinion rai-
sonnée sur ce résultat, il faut en décomposer les
éléments. Il faut se rappeler que le budget de
1848 avait été arrêté par les Chambres monarchiques, en déficit prévu de 76 millions, situation dangereuse à l'imminence de laquelle venait s'ajouter la menace d'un remboursement exi-

gible de la dette flottante, laquelle montait au chiffre énorme de 960 millions, suivant les calculs de
la Commission.

C'est cette écrasante dette de la monarchie, que
la République a eu à liquider dans les premiers jours
de son existence.

Quelques-unes de ces obligations étaient sacrées.
Ainsi les déposants aux caisses d'épargne, avaient
confié au Gouvernement de Louis-Philippe, qui
avait promis de les leur rembourser à la première
demande, trois cent cinquante-cinq millions de
francs. Or, le Gouvernement de Louis-Philippe
avait aliéné, immobilisé, utilisé à son profit, sur
cette somme, près de 290 millions.

Il a fallu, cependant, désintéresser les déposants.
C'est ce qu'a fait la République ; et ceux qui ont eu
confiance en elle, qui n'ont pas aliéné leurs titres
entre les mains des agioteurs, loin de rien perdre,
ont vu augmenter le capital de leurs épargnes.

On peut en dire autant des porteurs des *bons du
trésor*, dont la consolidation a enrichi les déten-
teurs.

Voilà ce qui a obéré les finances de la République : ce sont les engagements de la monarchie ac-
quittés par la République, qui pèsent du poids le
plus considérable dans la balance financière de
1848.

Les dépenses réellement imputables à la République sont celles du ministère de la Guerre, si lar-
gement rétribué par la monarchie, et qui, néanmoins, en Février, ne pouvait disposer de plus de
60,000 hommes. Les services de la guerre ont né-

cessité des crédits extraordinaires pour 114 millions. Parmi les autres causes d'augmentation de dépense , on trouve des crédits de près de 2 millions pour payer les dettes de la liste civile , de 10 millions environ pour les frais relatifs à la garde mobile , de 14 millions aux ateliers nationaux , de 3 millions pour secours extraordinaires , de 4 millions aux gardes nationaux après les journées de juin, de 5 millions pour commandes à la fabrique de Lyon , de 6 millions pour les chemins vicinaux des départements , et de près de 4 millions aux comptoirs d'escompte.

C'est beaucoup , sans doute , qu'une surcharge de 145 à 150 millions ; mais la monarchie a-t-elle bien le droit de se porter accusatrice ?

J'ai déjà rappelé que les armements de 1830, et surtout les parades belliqueuses de 1840, avaient imposé à nos finances des charges bien plus pesantes que celles du ministère de la Guerre en 1848. Aux légitimistes , je vais répondre par des chiffres. Pendant les quinze années du règne de la branche aînée, les déficits cumulés se sont élevés à un milliard cinq cent soixante-huit millions. — Aux orléanistes , encore des chiffres : pendant les dix-sept années du règne de Louis-Philippe , les excédants de dépense sur les recettes ont atteint la somme totale de deux milliards cinq cent quatre-vingt-huit millions de francs !

La légitimité qui nous a coûté les sept cents millions des alliés et le milliard des émigrés, est-elle bien reçue à reprocher à la République 145 millions ? Et les orléanistes dont la paix armée a coûté au pays plus d'un milliard, ont-ils le droit de reprocher au Gouvernement provisoire les armements de 1848 ?

— La dette consolidée, dit-on, a augmenté les charges annuelles de 48 millions. — Oui, mais les monarchies bourboniennes qui avaient trouvé ce chiffre de la dette inscrite à 60 millions, l'ont élevé et laissé à 244 millions ! Et pourquoi la dette consolidée s'est-elle augmentée en 1848 ?— Pour restituer aux caisses d'épargne les trois cents millions que la monarchie avait aliénés : pour payer les porteurs des bons du Trésor et réparer les abus de crédit commis par les ministres (des finances de Louis-Philippe) : pour réduire, en un mot, de plus des deux tiers, la dette flottante ramenée de 960 à 318 millions ; enfin, pour rentrer en possession du chemin de fer de Lyon, opération qui a rendu à l'Etat une propriété estimée 150 millions.

On voit donc que les charges du budget de la République se justifient un peu mieux que celles des budgets de la monarchie, et qu'elles ne sont pas toutes sans compensation.

Il a été ouvert au ministère des Finances un crédit de 201,000 fr. pour les dépenses spéciales du Gouvernement provisoire. C'est ce crédit qui, avec celui des indemnités des commissaires, a servi de prétexte aux calomnies les plus répétées. Son emploi va nous donner de nouveau la mesure de l'impartiale sincérité de nos ennemis.

On a lu, il y a peu de temps, dans tous les journaux :

« MM. les membres du Gouvernement provisoire

» n'ont prélevé, pour leur traitement particulier, que
» 2o1,ooo fr.; seulement, il est bon d'observer que ces
» excellents citoyens, ayant eu l'idée lumineuse, un
» beau matin, de décréter une retenue proportionnelle
» sur tous les traitements au-dessus de 2,ooo fr., *eurent*
» *soin de ne pas se soumettre* à cette retenue qui eût
» produit 32,ooo fr.... ».   (*Courrier de la Gironde.*)

« Les ministres n'ont pas montré plus de répugnance
» pour toucher ces gros traitements que l'opposition ré-
» publicaine dénonçait jadis avec tant d'indignation. Ils
» ont reçu, depuis le 24 février jusqu'au 15 mai, chacun
» une indemnité de 11,5oo fr. Ils se sont ENSUITE
» *fait payer le même traitement que les ministres de la*
» *monarchie,* sauf la retenue, jusqu'au moment où un
» décret du 4 juillet a fixé ce traitement à 4,ooo fr. par
» mois ».   (*Constitutionnel.*)

« ..... Les membres du Gouvernement provisoire dé-
» crétèrent une retenue proportionnelle sur tous les trai-
» tements au-dessus de 2,ooo fr.; mais ils affranchissent
» de cette retenue leurs propres appointements, *qu'ils*
» *avaient fixés à 80,ooo fr. par an* ».

(*Mémorial.*)   G. Brunet.

Ce sont là, évidemment, des affirmations clai-
res, certaines, et débitées avec une assurance qui
ne permet pas le doute au lecteur.

Si les membres du Gouvernement provisoire
avaient réellement fait ce dont on les accuse, ils
pourraient peut-être invoquer en leur faveur un
auguste exemple. On sait, en effet, que le roi
Louis-Philippe, en 1830, se fit payer sa liste civile
sur le taux de celle de Charles X. En 1831, cette
liste civile ayant été fixée, pour tout le règne,
au chiffre de 12 millions, Louis-Philippe ne resti-
tua pas au trésor *neuf millions* qu'il avait perçus
de trop : il pensa que ce qui avait été bon à pren-

dre était bon à garder. Ces neuf millions sont encore dus au pays. Il ne paya pas davantage les droits de mutation, trois millions environ, pour le transfert, sur la tète de ses enfants, de la nue-propriété de ses biens propres que, contrairement à tous les précédents, à toutes les lois, à tous les usages de la monarchie, il ne réunit pas au domaine de la couronne. Voilà ce que nos journaux monarchistes trouvent très-délicat, très-généreux, de la part de Louis–Philippe; mais, de la part du Gouvernement provisoire, ce serait un crime abominable. ... !

Eh bien ! IL EST FAUX que les membres du Gouvernement provisoire aient imité, sous ce rapport, la conduite du roi Louis–Philippe, quoi qu'en disent nos orléanistes.

Il est faux « qu'ils aient eu *le soin de ne pas se* » *soumettre à la retenue.* » Ils se sont soumis à cette retenue que, spontanément, ils ont décrétée le 4 avril 1848.

Je pourrais dire d'abord que ce décret n'ordonne la retenue qu'à *dater du* 1er *avril.* — Donc, les traitements acquis antérieurement échappaient à la retenue. Mais les ministres du Gouvernement provisoire ne se sont pas prévalu de cette date, et, contrairement à leur intérêt personnel, ils ont donné à leur décret un effet rétroactif.

La Commission, on se le rappelle, a « vu les » feuilles de traitement »; voici ce qu'elle a constaté :

« *Justice.* — Le traitement du ministre avait été » originairement touché par M. Crémieux, pendant

» une partie des pouvoirs du Gouvernement pro-
» visoire (du 25 février au 1er avril sans doute), à
» raison de 80,000 fr. par an, *sous déduction de la*
» *retenue proportionnelle de* 30 *pour cent*, c'est-à-
» dire sur le pied de 56,000 fr. Mais un vote de l'As-
» semblée nationale ayant accordé aux membres du
» Gouvernement provisoire un crédit de 200,000
» francs à répartir entre eux, à titre de traite-
» ment, pendant toute la durée de leurs fonctions,
» M. Crémieux a eu sa part de ce crédit, et *a re-*
» *versé au trésor public la totalité de ce qu'il avait*
» *reçu comme ministre*, quoique ce traitement reçu
» en cette qualité fût plus élevé que celui auquel
» avait droit le membre du Gouvernement provi-
» soire. *Le récépissé du trésor constate* la régularité
» de cette opération, et ce récépissé a passé sous les
» yeux de votre Commission ».

Affaires étrangères. — « Il nous reste à dire que
» M. de Lamartine *n'a touché aucun traitement*
» pendant qu'il a exercé les fonctions de ministre
» des Affaires étrangères, et qu'il n'a reçu d'autre
» allocation que sa part dans les 200,000 fr. votés
» par l'Assemblée nationale en faveur de onze mem-
» bres du Gouvernement provisoire ».

Instruction publique. — La Commission fait le
décompte des sommes reçues par M. Carnot ; puis
elle conclut ainsi :

« M. Carnot n'a touché aucun traitement en
» qualité de ministre de la Commission exécutive,
» à dater du 11 mai jusqu'au 30 juin. Il avait droit
» à cette dernière époque à une somme de 7,777 fr.
» (80,000 fr. *par an, sous déduction de la retenue*
» de 30 pour cent), *qu'il abandonna.* Mais malgré
» cet abandon, M. Carnot se trouvait encore avoir

» reçu un traitement total supérieur à celui qui
» lui revenait réellement, puisqu'il avait encaissé
» 19,500 fr., et qu'il ne devait recevoir, pour toute
» la durée de ses fonctions, que 19,277 fr. *La dif-*
» *férence (s'élevant à 222 fr.) a été versée par*
» *M. Carnot* au trésor public, le jour même de sa
» retraite du ministère. Il a également versé au
» trésor une somme de 1,000 fr. pour sa part dans
» la souscription des membres du Gouvernement
» provisoire en faveur des blessés de Février. Ce
» double versement est attesté par le caissier cen-
» tral ».

Intérieur. — « M. Ledru-Rollin n'a, d'ailleurs,
» touché *aucun traitement* pendant qu'il occupait
» le ministère de l'Intérieur. Les feuilles d'ordon-
» nancement relatives au traitement du ministre
» ont été placées sous les yeux de votre Commission.
» M. Ledru-Rollin a eu sa part dans le crédit de
» 200,000 fr. accordé par l'Assemblée nationale
» aux membres du Gouvernement provisoire, mais
» il n'a rien reçu en qualité de ministre de l'Inté-
» rieur, sur les fonds du chapitre Ier de son bud-
» get ». (Traitement du personnel.)

Agriculture et commerce. — « En réalité,
» M. Bethmont n'a rien touché, depuis le 24 fé-
» vrier jusqu'au 11 mai, sur les fonds alloués par
» le budget de son ministère. Il n'a reçu que la
» portion qui lui revenait dans le crédit de 200,000
» francs voté par l'Assemblée nationale pour le
» traitement collectif des membres du Gouverne-
» ment provisoire ».

Travaux publics. — « Il nous reste à dire sur le
» budget des Travaux publics, que M. Marie *n'a*
» *touché aucun traitement* comme ministre, et qu'il
» n'a reçu que son contingent dans le crédit de

» 200,000 fr. accordé par l'Assemblée nationale, à
» titre d'indemnité, pour tous les membres du
» Gouvernement provisoire ».

Guerre. — « M. Arago, qui a été chargé du por-
» tefeuille de la Guerre après le général Subervic,
» *n'a reçu aucun traitement* comme ministre de la
» guerre ».

» M. le lieutenant-colonel Charras, sous-secré-
» taire d'Etat, a reçu, du 5 au 30 avril, à raison de
» 20,000 fr., 1,443 fr. Mais sur cette somme, il a
» versé au trésor public celle de 805 fr. 67 c., *parce
» qu'il a fait abandon de toute la partie de son
» traitement* qui excédait le chiffre annuel de 8,000
» francs. Depuis le 4 mai, M. Charras n'a reçu que
» son indemnité de représentant du peuple ».

Marine. — « M. Arago, et M. Schœlcher sous-
» secrétaire d'Etat, *n'ont reçu aucun traitement,*
» sur le budget de la marine, pendant toute la du-
» rée de leurs fonctions. M. Arago a seulement
» touché son contingent dans les 200,000 fr. al-
» loués au Gouvernement provisoire ».

Finances. — ..... « Le crédit de 200,000 fr. dont
» nous avons eu souvent occasion de parler dans le
» cours de ce rapport, a été partagé entre tous les
» membres du Gouvernement provisoire, *et forme
» le seul traitement qui leur ait été alloué.* Voici la
» la répartition qui en a été faite :

» Indemnités de dépenses aux membres du Gou-
» vernement et aux ministres pour deux mois et
» demi.................................... 176,000 fr.

» Dons patriotiques faits par les
» membres du Gouvernement......... 15,000

» Dépenses du secrétariat (crédit du

A reporter............. 191,000 fr.

Report............... 191,000 fr.
» 17 mars 1848, *dont il a été justifié*
» déjà devant l'Assemblée nationale
» dans la séance du 22 août 1848....... 10,000

» Total........ 201,000 fr.

Il résulte de tout ce qui précède que:

Les membres du Gouvernement provisoire non ministres n'ont pas touché le traitement de ministres;

Les membres du Gouvernement provisoire, ministres, n'ont pas touché non plus le traitement affecté à leur fonction ministérielle, puisqu'ils n'ont reçu que leur part (11,500 fr.) dans la partie des 201,000 fr. votés pour indemnités du Gouvernement provisoire;

Les ministres du Gouvernement provisoire, étrangers à ce gouvernement, se sont soumis à la retenue décrétée le 4 avril, non-seulement pour l'avenir, mais pour le mois écoulé avant le décret.

Donc, n'ont pas dit la vérité ceux qui ont répété que « les membres du Gouvernement provisoire
» *ont eu le soin de ne pas se soumettre à la retenue;*
» *que les ministres du Gouvernement provisoire,*
» *après avoir touché* 11,500 fr. *se sont fait* ENSUITE
» *payer le même traitement que les ministres de la*
» *monarchie,* sauf la retenue...; que les membres
» du Gouvernement provisoire... ont affranchi de
» la retenue leurs propres appointements, qu'ils
» avaient fixés à 80,000 fr. ».

En affirmant ces faits dans le *Courrier* et le *Mémorial,* MM. Leymarie et Gustave Brunet ont donc avancé, sur la foi d'un libelliste anonyme, des faits contraires à la vérité officielle.

Nous sommes donc en droit d'espérer que le *Courrier* ne dira plus...: « Voici tous les membres » du Gouvernement provisoire émargeant 80,000 » francs chacun à titre d'honoraires... ».

Et c'est cependant au moyen de ces inventions, démenties depuis bientôt trois ans, mais incessamment reproduites, que l'**on** était parvenu à égarer l'opinion d'une partie du pays sur les hommes et sur les actes de la République de 1848 ! Jamais, on peut le dire, la calomnie n'avait été exploitée avec autant d'audace et de persistance.

Nous venons de voir les déclarations faites, le 4 avril 1849, sous la présidence de M. Bonaparte et sous le ministère de M. de Falloux, par une Commission qui comptait parmi ses membres MM. Creton, Fould, Ducos, Bavoux, Druet–Desvaux et de Charencey, c'est-à-dire les hommes les plus dévoués aux dynasties bourboniennes, les plus contraires à la Révolution, les plus hostiles à M. Ledru-Rollin. Cette Commission avait pour mission spéciale de vérifier les chiffres et surtout d'apprécier les comptes du Gouvernement provisoire. Cette vérification a été reprise, *sous le rapport de la forme seulement*, par la Cour des Comptes, et le même rapporteur, M. Ducos, a été chargé de nouveau d'examiner la déclaration de la Cour des Comptes ; nous verrons donc les conclusions de son nouveau travail. En attendant, je vais terminer l'œuvre de réparation que j'ai entreprise, en

citant les conclusions du rapport de M. Ducos,
parlant au nom de l'unanimité de le Commission :

« Quant à nous, d'accord avec M. Creton, auteur
» de la proposition portant demande de reddition
» des comptes, nous déclarons *à l'unanimité* que,
» dans les longues et laborieuses recherches aux-
» quelles nous nous sommes livrés avec la plus ri-
» goureuse impartialité, *nous n'avons découvert ou*
» *rencontré aucun témoignage, aucune preuve* qui
» accusât d'infidélité les membres du Gouverne-
» ment provisoire, et qui nous mît sur la trace de
» quelques détournements frauduleux des deniers
» confiés à leur gestion.

» Cette déclaration n'a pas seulement pour ga-
» rantie l'honnêteté de notre parole. L'admirable
» combinaison de notre mécanisme financier suffi-
» rait pour rassurer toutes les consciences. Un
» ministre ne peut soustraire au trésor public une
» partie de sa richesse sans avoir de nombreux com-
» plices, et sans laisser, à l'instant même, des preu-
» ves éclatantes de sa culpabilité.

» On a vu quelquefois des exemples de soustrac-
» tions et d'enlèvements scandaleux. Les coupa-
» bles ont pu se dérober à leur châtiment; ils ne
» pourront jamais se soustraire à la démonstration
» et à la honte de leur crime. Sans doute, quelques
» dilapidations individuelles *de peu d'importance*
» ont pu être commises dans les rangs innombra-
» bles des agents subalternes que le Gouvernement
» provisoire a employés; mais, grâce à Dieu, ces
» dilapidations sont trop au-dessous de notre ca-
» ractère et de nos mœurs pour qu'elles puissent
» laisser une tache dans notre histoire ».

Il ne me reste qu'à remercier nos journaux

royalistes de m'avoir fourni l'occasion de montrer le degré de confiance que méritent leurs accusations, et de démontrer, par des documents officiels, la moralité financière du Gouvernement provisoire.

SIMIOT.

(Décembre 1850).

APPENDICE.

LES COMPTES

DE L'EXERCICE 1848.

Les actes financiers des Gouvernements monarchiques n'étaient soumis qu'à une seule épreuve législative : le réglement final arrèté à la suite de l'examen de la Cour des Comptes.

Les royalistes se contentaient de cette garantie. Ainsi, le gouvernement de Louis-Philippe avait pu, en 1830, consacrer huit millions à des ateliers de charité, trente millions à des négociants dans l'embarras, des fonds considérables à la nourriture des *volontaires de la Charte*, des subventions de route à la colonne d'*émeutiers* envoyés de Paris aux Pyrénées pour révolutionner l'Espagne, etc. Un gouvernement royal a pu ordonner toutes ces dépenses sans encourir le blâme des Commissions réactionnaires, ni les censures de la Cour des

Comptes ; mais des faits analogues renouvelés par la force des circonstances , sous le Gouvernement républicain , sont , aux yeux de nos catons royalistes, selon la date de leurs jugements, des faits.... délicats en 1848 , blàmables en 1849 , abominables et damnables en 1851.

« Selon que vous serez puissant ou misérable,
« Les jugements de cour vous rendront blanc ou noir » .

Les formes ordinaires de la vérification des comptes ont été jugées trop débonnaires pour le gouvernement de 1848. Les comptes de ce gouvernement ont été soumis à trois dissections successives : d'abord le 1er juillet 1848 , par une Commission de quinze membres pour les fonds de sûreté générale ; en second lieu , par une autre Commission de quinze membres pour les comptes du Gouvernement provisoire ; enfin , par la Cour des Comptes , et par une dernière Commission de quinze membres pour les comptes généraux de 1848.

Après ces quatre examens, *faits par des ennemis politiques* qui déclarent et répètent, en vingt endroits de leurs rapports, que *rien ne leur est échappé,* on est arrivé à ce résultat effroyable et ruineux , à savoir que, en 1848 , dans cette année de révolution , les ministres de la République ont, non pas dilapidé , mais mal dépensé 131,170 fr. 20 c., et que leurs farouches agents , ces terribles dictateurs qui ont tant répandu de sang..... dont les pouvoirs *illimités.....* n'ont pas entravé un seul droit , une seule liberté..... ont dépensé en trop , en six mois de révolution , la somme im-

mense de 59,918 fr. 90 c. ! Ce sont ces deux
sommes, réprouvées avec ou sans raison par la
Commission des Comptes, qui ont cependant fourni
le thême de toutes ces calomnies contre la République et ses agents, calomnies qui, depuis trois
ans, traînent dans toutes les feuilles de police !

Ces deux articles forment, avec un troisième
chiffre de 880 fr., celui de 200,139 fr. 30 c., total général de toutes les dépenses que, après examen de la Cour des Comptes, la Commission déclare mal justifiées, et qu'elle propose de laisser
à la charge des ordonnateurs.

Tel est le résultat solennel des derniers documents officiels qui serviront de base à la loi finale
des finances de 1848.

Quelques mots sur la situation des accusateurs
et des juges dans cette affaire.

On lit dans le dernier rapport de M. Ducos parlant au nom de la Commission :

« ..... Le décret du 2 mai 1848, sous prétexte
» de réorganisation, atteignit arbitrairement la
» magistrature de la Cour des Comptes..... Seize
» magistrats furent frappés sur leurs siège malgré
» les services qu'ils avaient pu rendre, et en dépit
» de l'inviolabilité qui couvrait leurs fonctions.....
» Un décret réparateur a rendu à la Cour des
» Comptes son personnel et ses prérogatives.... ».

Ces seize membres de la Cour des Comptes révoqués par le Gouvernement provisoire de la République ont participé au jugement des Comptes du

Gouvernement provisoire de la République. On comprend dès-lors combien grande a pu être leur indulgence.

La dernière Commission de l'Assemblée législative se compose de MM. de Flavigny, Barthélemy Saint-Hilaire, E. Bavoux, Champanhet, Q. Bauchart, Baze, Chadenet, Étienne, Druet-Desvaux, Simonot, Fortoul, de Girard, Callet, de Charencey, Th. Ducos, rapporteur.

Dans cette liste, pas un nom qui ne soit hostile aux hommes et à la Révolution de 1848.

Donc, encore une fois, s'ils n'ont trouvé à condamner que l'emploi de 200,000 fr. seulement, il y a preuve complète, démonstration incontestable, entière, absolue, après trois ans de recherches et de préventions, que nul autre sujet de *condamnation* n'existe dans la gestion financière des hommes de Février.

Examinons maintenant la couleur générale du rapport de la Commission des Comptes, et les jugements divers du rapporteur, M. Th. Ducos.

M. Ducos a fait de très-nombreux emprunts à son précédent rapport sur les Comptes du *Gouvernement provisoire*. Quoiqu'à cette époque sa mission spéciale fût l'appréciation morale des hommes et des actes de ce gouvernement, et que cette mission étant remplie depuis deux ans, il eût dû aujourd'hui se restreindre à l'appréciation exclusivement financière et chiffrée des recettes et des dépenses de 1848, il ne s'est pas renfermé dans cette limite,

et il a cru utile à son parti et agréable à ses nouveaux amis de revenir le plus souvent qu'il l'a
pu sur les jugements politiques de son rapport
de 1849.

Ces jugements, il les a cependant modifiés bien
souvent. Ainsi, au lieu de ces déclarations expli-
cites et répétées par lesquelles, sur le vu des pièces officielles, il rendait hommage, d'accord avec
l'*unanimité* de ses collègues, à la haute probité et
au désintéressement personnel des membres du
Gouvernement provisoire, on ne voit plus, dans
son dernier travail de 1851, qu'une phrase de
trois lignes, espèce de certificat dont, assurément,
les hommes de 1848 n'avaient nul besoin.

Entrons dans quelques détails :

« ..... Dix-sept cents millions de dépenses !.....
» Comparée aux 1,361 millions de crédits ouverts
» par la loi de finances du 8 avril 1847, établissant
» le budget de 1848, cette somme énorme présente
» une augmentation de 389 millions, qui provient
» sans doute de l'insuffisance des prévisions votées
« et des crédits extraordinaires qu'eût nécessités,
» même dans des conditions normales, le réglement
» de l'exercice 1848, mais que les grands événe-
» ments de cette époque ont, pour la plus grande
» partie, mis la charge du pays ».

Puisque les crédits du budget de 1848 voté sous
la monarchie étaient nécessairement insuffisants,
pourquoi donc, sinon pour éblouir le public, rapprocher le chiffre des dépenses révolutionnaires du
chiffre relativement inférieur mais inexact du

budget monarchique? — Pourquoi? — C'est qu'on veut, par la différence des chiffres généraux, faire de l'effet aux yeux de ceux qui ne sont pas initiés aux faits véritables. Pour être juste et exact, M. Ducos aurait dû rappeler à cette occasion que le budget monarchique arrêté en 1847 avait été arrêté en état de déficit prévu et connu de 76 millions 557,080 fr. ! Ce déficit est bien accusé plus tard : mais il est noyé au milieu d'un déluge de chiffres. Un budget voté en déficit de soixante-seize millions..... voilà cependant l'ordre des finances *honnêtes et modérées !*

J'ai indiqué précédemment que les crédits formant la différence des deux budgets ont été affectés : 100 millions à peu près à l'augmentation de l'armée, dépense moindre qu'en 1830 et même qu'en 1850 ; au rachat du chemin de fer de Lyon, qui a fait rentrer l'État dans une propriété de 150 millions ; à la consolidation des fonds des Caisses d'épargne (mesure toute à l'avantage des déposants) et des bons du trésor, dont les riches ne devraient pas se plaindre ; enfin à la réduction de la Dette flottante, dette colossale de la monarchie, dette de 960 millions exigibles en février 1848 et réduite par la République , avant le 10 décembre, à 318 millions.

M. Ducos vient de procéder par *arrangement* de chiffres. Il va procéder maintenant par *modification* de texte.

Exposant les relations réciproques du Gouvernement provisoire et de la Banque de France, M. Ducos avait dit en 1849 :

« ..... Peut-être la Banque se serait-elle *arrêtée*
» *sur-le-champ* si le Gouvernement provisoire,
» *usant de tous ses droits*, eût exigé immédiate-
» ment le remboursement intégral de tout ce qui
» lui était dû..... Aussi se voit-elle *obligée de sol-*
» *liciter* un décret, d'après lequel ses billets auront
» cours forcé et ne seront pas obligatoirement rem-
» boursables par elle ».

On voit qu'en 1849 la Banque est *l'obligée ;* le Gouvernement *n'use pas de ses droits ;* elle *sollicite* le cours forcé de ses billets.

Écoutons maintenant sur le même sujet, le même rapporteur, M. Ducos, depuis qu'il est devenu représentant de l'Union électorale de Paris :

« Dans quelques heures peut-être le Gouverne-
» ment provisoire *exigera* le solde et *sera réduit à*
» *solliciter* d'elle un nouveau crédit. Le *trésor* ne
» calcule pas sans effroi les conséquences d'une im-
» puissance où d'un refus de la Banque. Un dé-
» cret intervient et déclare que les billets de cet
» établissement auront cours forcé et ne seront
» pas obligatoirement remboursables par lui ».

Voyez-vous comme sous le nouveau jour où le peintre s'est placé les teintes sont modifiées et les positions changées ? D'après M. Ducos de 1849, la Banque était suppliante : elle implorait le cours forcé ; selon M. Ducos de 1851, c'est le Gouvernement qui est à genoux devant la Banque et qui impose au public le nouvel assignat !

Nous allons voir actuellement le rapporteur

procéder par addition. A son tableau de 1849, il
ajoute en 1851 :

« ..... L'état général des finances inspire toujours
» de nouvelles inquiétudes ; on cherche *à frapper*
» *le capital* sous toutes les formes : *on propose de*
» *créer des taxe sur le revenu.,* ..... etc. Cruelle
» épreuve des temps révolutionnaires ! Funestes
» résultats des entraînements qui dépassent toute
» mesure ! »

Or, voici ce que, le 22 mars 1848, le même
M. Ducos promettait : AUX OUVRIERS ET CHEFS D'A-
TELIER DE LA GIRONDE :

« ..... La générosité du *trésor public*, alimenté
» par la réduction des traitements..... et par la
» *conversion des rentes*, doit descendre à *grands*
» *flots* dans les salles d'asile et les classes d'adul-
» tes.
    » Par voie de conséquence nécessaire, l'*impôt*
» *du luxe devra être établi* pour combler le vide
» du trésor public et lui permettre d'étendre ses
» bienfaits sur le sort des classes qui souffrent ».

Et c'est l'auteur de ces *réclames* électorales qui
reproche au Gouvernement de 1848 *ses entraînements dépassant toute mesure !*

Suivons le rapporteur dans son examen des divers ministères, et notons soigneusement ses vire-
ments d'opinions.

En 1849, M. Ducos avait pris soin de faire remarquer que M. Crémieux avait subi sur ses appointements de mars, la retenue de 30 p. 100

ordonnée spontanément par le Gouvernement provisoire sur tous les gros traitements.

Cette remarque paraît inutile en 1851 et le rapporteur la passe sous silence.

Sur le ministère de la Justice, la Cour des Comptes ne trouve à reprendre qu'une dépense de 567 fr. pour frais de deux voyages d'un magistrat à Lyon. Sa censure est fondée : mais la Commission se montrera-t-elle aussi sévère envers M. d'Hautpoul, ami de M. Bonaparte, qui, pouvant aller prendre son commandement illégal et éphémère en s'embarquant sur le bateau-poste d'Alger, a fait chauffer et partir un bateau à vapeur pour lui seul ?

Nulle observation sur le ministère des Affaires étrangères.

Dans les comptes du ministère de l'Instruction publique et des Cultes, la Commission a rejeté deux crédits, l'un de 3,171 fr. pour frais de *conférences des instituteurs primaires*, le second de 4,999 fr. 20 c. pour frais de publication et de distribution d'*écrits populaires.*

Le rapporteur est bien sévère en 1851 envers les instituteurs primaires. A l'occasion du crédit voté *par la Constituante* pour porter à 600 fr. leur traitement, M. Ducos leur adresse ces conseils humiliants :

« Nous demeurons persuadés que les instituteurs
» appréciant l'amélioration apportée à leur sort,
» *sauront se rendre dignes* de la sollicitude du

» *pouvoir législatif*, en se dévouant *exclusivement*
» aux utiles et honorables fonctions dont ils sont
» revêtus ».

M. Ducos et ses nouveaux amis ne veulent pas
qu'en dehors de leur classe les instituteurs puissent, comme les autres citoyens, s'occuper des
affaires d'intérêt public, parce que la Constituante
a *amélioré leur sort*. La Constituante a également
amélioré le sort et le traitement des membres du
clergé paroissial. Pourquoi le rapport n'interdit-il
pas, *aussi*, exclusivement la politique aux prêtres
qui en font quelquefois beaucoup plus dans les
églises que les instituteurs hors de leurs écoles?

M. le rapporteur se trompe, d'ailleurs, lorsqu'il
dit que le sort des instituteurs a été amélioré par
le pouvoir législatif, afin qu'ils restent étrangers à
la politique républicaine. La Constituante n'a jamais songé à interdire absolument la propagande
démocratique aux instituteurs ; lorsqu'elle a voté
le crédit elle savait que les instituteurs étaient en
général républicains, comme, lorsqu'elle a voté
l'augmentation de traitement du clergé paroissial,
elle savait que ces prêtres avaient presque tous, à
l'exemple des évêques et des archevêques, béni
spontanément les arbres de liberté. Non, la Constituante n'a pas défendu aux instituteurs de prendre
part, en dehors de leurs classes, aux discussions
politiques. Telle était aussi l'opinion de M. Ducos
en 1848; il allait même plus loin : il voulait,
avec raison, la propagande démocratique *dans les
écoles*.

« La première *dette* de la patrie envers les en-

» fants, disait-il AUX OUVRIERS ET CHEFS D'ATELIER
» de la Gironde, c'est l'instruction. Nos écoles pri-
» maires, fondées dans nos communes, sont loin
» de répondre à cette grande obligation contractée
» par l'État envers, chacun de ses membres. Les
» instituteurs ne sont pas assez rétribués, ils ne
» donnent qu'une instruction *insuffisante*. En gé-
» néral, nos écoles actuelles ne *s'occupent pas as-*
» *sez du soin de former* DES CITOYENS (le mot est
» souligné dans le texte) ».

Et cependant M. Ducos a voté la loi sur l'enseignement, la loi Thiers-Montalembert, la loi au
nom de laquelle on chasse tous les instituteurs qui
veulent former des *citoyens*, la loi qui réduit le programme de l'instruction primaire, le programme
de M. Guizot, que le même M. Ducos déclarait
insuffisant !

Le ministère de l'Intérieur est toujours l'occasion des critiques de plus en plus malveillantes des
rapports de M. Ducos.

La Cour des Comptes, dans ses recherches chif-
frées, a-t-elle trouvé ces nouvelles et ruineuses
concussions que M. Ducos annonçait presque, en
1849, comme confirmation future de ses attaques
anticipées ?

Dans son rapport à la Constituante, M. Ducos
avait critiqué, en parlant des dépenses des commissaires, l'administration de quarante-un départements sur quatre-vingt-six. L'examen de la
Cour des Comptes a réduit ce nombre à vingt-
sept ! — Donc, en 1849, la Commission de la

Constituante, où figuraient des républicains, avait été trop sévère, ou bien, depuis cette époque, certaines dépenses, douteuses à cette époque, ont été reconnues régulières.

Les rejets de crédits, après vérification de la Cour des Comptes, n'atteignent que dix commissaires, sur une centaine environ, et pour une somme totale de 48,375 fr. 25 c., y compris 21,500 fr. pour la Somme et 13,200 fr. pour les Bouches-du-Rhône, dépenses déjà signalées.

Enfin, tout ce que la Cour des Comptes, en 1851, a pu découvrir de nouvelles dilapidations, de *nouveaux* crimes, de *nouvelles* dépenses ruineuses, de *nouveaux* sujets de rejet, dans la gestion des Commissaires, s'élève à la somme énorme de...... 1,541 fr. 60 c. (dans l'Ariége).

Donc, la gestion financière des neuf dixièmes des Commissaires a été admise par la Cour des Comptes.

Donc, dans soixante-seize départements sur quatre-vingt-six, les dépenses n'ont pas franchi les limites de la légalité ! Sur les dix commissaires, si l'on excepte ceux de la Somme et de la Haute-Garonne, les autres huit commissaires ont été censurés, non pour des dépenses non justifiées, mais pour avoir employé les crédits rejetés à couvrir les frais de publications démocratiques ou d'impressions de listes électorales.

Voilà donc à quoi se réduisent toutes ces déclamations contre les désordres financiers des Commissaires de 1848 !

« A la vérité, ajoute M. Ducos, les commissaires

» et les sous-commissaires ont mis une assez forte
» partie de leurs dépenses à la charge des départe-
» ments qu'ils ont administrés. Ces dépenses, ulté-
» rieurement approuvées ou subies par les conseils
» généraux, ne figurent point au budget de l'Etat,
» et il nous est complètement impossible d'en ex-
» poser la cause ou d'en établir le chiffre ».

Ce passage présente un spécimen des procédés habituels employés par M. Ducos dans son rapport. Il lance une accusation ; puis il avoue qu'il ne peut la prouver. En attendant, le coup est porté, et « il en reste toujours quelque chose ». Apprécions néanmoins, une fois pour toutes, la valeur morale de cet expédient de rhétorique modérée.

Comment M. Ducos sait-il que LES commissaires ont mis une forte partie de leurs dépenses sur les départements ? — Par les pièces, sans doute, qu'il a vues. Or, la Cour des Comptes, qui a examiné une à une, pendant un an, toutes les pièces de l'administration départementale, n'a signalé que six faits de ce genre, savoir : 3,733 fr. 50 c. dans l'Allier, pour dépenses légitimes et approuvées par la Commission elle-même; 440 fr. dans le Doubs, qui, dit-on, ont été sans doute supportés par le département; 1,030 fr. payés par le département de l'Hérault ou par la ville de Montpellier, pour une fête publique aux frais de laquelle les commissaires, MM. Brives et Renouvrier, ont contribué par l'abandon de la totalité de leur indemnité; 2,202 fr. 85 c. dans l'Indre pour un semblable motif; 472 fr. 50 c., d'une

part, et 2,009 fr. d'autre part, dans l'Orne, attribués sur les fonds départementaux des communes
pour publications politiques ; enfin, 2,290 fr. dans
Maine-et-Loire, pris sur le produit des amendes
de police, pour abonnements à un journal, crime
probablement analogue à celui qu'a commis M. Neveux quand, sous l'administration de M. Cavaignac, il a pris *trente* abonnements au journal
« *socialiste* et *anarchique* la *Tribune de la Gironde.*»

Ainsi il ne s'agit, dans six départements seulement, que d'une dépense totale de 12,177 fr. 85 c.

Mais la comptabilité départementale, on le sait,
est parfaitement uniforme : elle mentionne absolument toutes les dépenses ; et toute dépense qui ne
porterait pas avec elle ses motifs serait repoussée.
Donc, il est certain que la Cour des Comptes a vu
et signalé tous les articles de cette nature. Or, la
Cour des Comptes n'en signale que six de ce genre.
D'où il suit que, sur environ cent commissaires et
cinq cents sous-commissaires, il y en a eu *six* qui
ont attribué aux départements {quelques dépenses
montant, en somme, à 12,177 fr, 85 c., *approuvées* d'ailleurs par les Conseils généraux !

Et M. Ducos dit que LES commissaires et sous-
commissaires, ce qui veut dire *tous* les commissaires, etc., ont mis une *assez forte partie de leurs
dépenses* à la charge des départements !

Pour terminer ce qui concerne le ministère de
l'Intérieur, il faut rappeler de nouveau que M. Ducos, pour la seconde fois, amnistie complaisamment, dans les comptes de M. Duchâtel, une dépense de 30,000 fr. pour mobilier, faite *sans*

crédit préalable, et par conséquent en dehors de toutes les règles de la comptabilité, tandis qu'il laissé pour compte et à la charge de M. Ledru-Rollin, une somme de 123,000 fr. dépensée dans un but politique que l'on peut ne pas approuver, mais dépensée *en vertu d'un crédit régulièrement ouvert*, celui du *fonds de sûreté générale*.

Les royalistes condamnent M. Ledru-Rollin pour avoir dépensé, véritablement dépensé une partie de ses *fonds secrets*, fonds dont, le premier de tous les ministres de l'Intérieur, il a indiqué l'emploi, quoiqu'il n'y fût nullement obligé ; et les royalistes n'ont jamais demandé compte aux ministres de la Monarchie des 50 millions peut-être qu'ils ont reçus, au même titre, depuis le rétablissement de la royauté !

La Commission est forcée de signaler des abus dans l'administration monarchique : elle dit, elle sait que le réglement des *débets* a donné lieu à des concussions ; elle sait, elle dit que des ministres de la royauté « ont accordé à des débiteurs de » l'État certaines remises gracieuses...... qui ne » sont souvent que le résultat d'obsessions privées » ou d'*influences politiques* ». Ces faits coupables, elle les connaît ; puisqu'elle les signale, elle en connaît les auteurs ! Cependant elle ne les poursuit pas ; et elle charge M. Ledru-Rollin d'une dépense légalement ordonnancée et financièrement régulière !

Elle signale des officiers généraux, des intendants militaires qui touchent, en argent, le prix de rations de fourrage pour des chevaux qu'ils

n'ont pas, « au grand détriment, dit-elle , de la
» production des chevaux, ce qui constitue une
» augmentation déguisée de traitement, qui n'est
» convenable ni pour l'État qui la paie ni pour ceux
» à qui elle est allouée.... ». — Elle amnistie ces
désordres des hommes d'*ordre* , et, en même temps,
elle réserve toute sa sévérité pour les hommes
de 1848 !

Voilà l'équité réactionnaire !

Mais l'injustice de ces conclusions est si évi-
dente , si nouvelle au point de vue des principes
de la comptabilité financière, que nous ne pouvons
penser que cette proposition de la Commission
ait été admise par la Cour des Comptes ; rien, dans
le rapport de M. Ducos, ne l'indique ; et il est pro-
bable que cette mesure rancunéuse est l'œuvre
exclusive de la Commission parlementaire.

Les ateliers nationaux ont mis à la charge du
ministère des Travaux publics une dépense considérable, trop considérable ; cela est vrai. Mais faut-
il reprocher à la République seule les dépenses de
ce genre ? La Révolution monarchique de 1830
provoquée, usurpée, gouvernée, exploitée par le
parti de l'*ordre*, n'a-t-elle pas affecté à ses ateliers
nationaux de Paris, ainsi qu'on l'a rappelé, huit
millions, et à des négociants menacés de faillite
trente millions, sur lesquels six millions sont encore dûs ? Ces quatorze millions de 1830, c'est de
l'ordre ! Et les quatorze millions de la République,
quelles clameurs n'excitent-ils pas dans les rangs
des hommes d'*ordre* ?

La Cour des Comptes relève des métrés qui font revenir à 16 fr. le mètre cube , des mouvements de terre qui eussent coûté 54 c. *en temps ordinaire.* Nous le demandons à tout esprit sincère : cette critique est-elle bien fondée ? Pouvait-on prévoir que des *ateliers de charité,* improvisés d'abord pour quelques milliers de malheureux, auraient à fournir plus tard du travail à cent vingt mille ouvriers inoccupés ? Et dans les circonstances pressantes où l'on se trouvait, s'agissait-il bien d'ailleurs de faire des travaux utiles alors que nul projet n'était préparé, ou seulement de donner des secours, des aumônes déguisés sous le nom moins humiliant de travaux? Oui, il y a eu des abus, des désordres dans la comptabilité des ateliers nationaux de Paris et de Lyon. Mais ces désordres ont-ils entaché toute la dépense? Le dernier rapport de M. Ducos est rédigé de manière à le faire penser. Pourquoi, cependant, en copiant sur ce chapitre son rapport de 1849, le rapporteur de 1851 a-t-il omis un passage important qui faisait connaître la vérité sur ce point? Nous allons réparer son oubli *involontaire :*

« Il résulte *explicitement* d'un rapport de *trois*
» *membres de la Cour des Comptes.....* ainsi que
» des explications très-nettes et *très-circonstanciées*
» de M. Roy, inspecteur des finances... que les frau-
» des et les abus commis dans la comptabilité des
» salaires doivent être évalués *au cinquième* ou *au*
» *sixième* de la dépense totale..... ».

C'est beaucoup , sans doute, qu'une somme de deux ou trois millions sur quatorze ; mais, comme je l'ai déjà dit, les fraudes coupables commises dans cette comptabilité improvisée au milieu d'une révolution, n'atteignent pas la proportion de celles que signalent nos hommes d'ordre eux-mêmes dans l'administration traditionnelle, royaliste et religieuse de nos bureaux de charité.

M. Ducos, ai-je dit, a supprimé un passage atténuant de son ancien rapport; mais, par compensation, il a fait à ce rapport une addition dans son nouvau travail :

« Voilà, dit-il, le premier fruit des *doctrines in-* » *sensées et des utopies perverses* de ceux qui se » proclamaient les apôtres de *l'organisation du* » *travail.....* ! »

Le rapporteur renouvelle ici cette vieille accusation contre M. Louis Blanc, qui a été vingt fois réfutée. Tout le monde sait aujourd'hui que les ateliers nationaux ne sont d'aucune manière la création de M. Louis Blanc. Mais, dirigés contre un proscrit absent, les traits du rapporteur ont dévié : ils ont frappé en plein..... l'honorable M. Th. Ducos lui-même. Voici ce qu'il disait, le 22 mars 1848, aux ouvriers de la Gironde :

« Nos nouveaux législateurs devront étudier *sé-* » *rieusement* les moyens d'assurer du travail aux » ouvriers lorsque de grands désordres commer- » ciaux, industriels ou agricoles ne *leur permettront* » *pas de s'en procurer dans les entreprises particu-* » *lières* ....

» Dans les trois immortelles journées de Février, » une *magnifique* pensée s'est tout-à-coup révélée » sur les murs de l'ancien palais de nos rois. On li-

» sait sur les colonnes qui soutiennent la grille du
» Carrousel : *Hôtel des Invalides civils*, etc. , etc.

» Quel est le citoyen portant réellement écrit
» dans son cœur le mot de *fraternité*, qui ne se
» sentirait pas profondément ému en songeant que
» *jusqu'à ce jour aucun secours* NATIONAL n'a été
» organisé pour descendre dans la modeste de-
» meure du travailleur, afin d'ASSURER *l'exis-*
» *tence de ses vieux jours*? Voilà ce que nous osons
» nommer des questions SOCIALES *qu'il faut résou-*
» *dre*, non-seulement pour l'intérêt du peuple,
» mais au nom et pour l'honneur de l'humanité...».

— Ah ! monsieur Ducos !

Deux observations seulement sur les comptes
des ministères de la Guerre et de la Marine.

La Cour des Comptes et la Commission blâ-
ment une vente d'armes vieux modèle, faite par
le Gouvernement provisoire aux gouvernements
démocratiques italiens, pour une somme de quatre
millions, dont le prix *encaissé* a servi, sans nouvelle dépense, à la fabrication d'une égale quan-
tité d'armes de modèle régulier :

« Ce système de conduite, dit-on, aurait pour
» résultat de soustraire à la connaissance et au
» contrôle du pouvoir législatif des faits qui, sous
» le rapport politique, pourraient avoir beaucoup
» de gravité ».

Or, voici dans la même page l'énonciation, *sans*
blâme, d'un fait du gouvernement de Louis-Philippe :

« On remarque dans le même état que vingt-
» quatre mille fusils qui avaient été fournis *avant*

» *la Révolution de Février*, à la Toscane et aux
» Etats-Romains, moyennant 742,749 fr. 44 c.,
» *n'ont pas encore été payés*..... On doit espérer
» que le ministre...... ne négligera aucun moyen
» de faire rentrer cette somme dans le Trésor ».

Ainsi, le Gouvernement républicain vend, avec
bénéfice, de vieilles armes, et les royalistes le blâ-
ment. Le Gouvernement monarchique vend des
armes sans en recevoir le prix, sans autorisation
du pouvoir législatif, et la Cour des Comptes et les
royalistes qui reprochent si aigrement au Gouvernement provisoire et à ses ministres d'avoir ordonnancé des dépenses des ateliers nationaux, « *avant
même le vote du pouvoir législatif*, » qui n'existait
pas encore, ne trouvent pas pour les ministres de
Louis–Philippe une seule parole de sévérité. O justice des hommes honnêtes et modérés !

Le gouvernement de Louis–Philippe donne
50,000 fr. aux auteurs d'un *projet* mort-né de
Compagnie des Indes–Occidentales. Cette subvention a été accordée, contre toutes les règles, à un
simple *projet* de société qui n'a eu aucune suite.....
et la Commission se borne à raconter le fait : il
n'y a pas de *laissé pour compte* quand ce sont des
royalistes qui ont reçu l'argent des contribuables !

Ces faits prouvent l'impartialité de la Commission dont M. Ducos est le rapporteur.

Une revue rapide va démontrer encore mieux la
justice qui a inspiré l'œuvre de M. Ducos.

Le nouveau rapport n'oublie pas une ou deux
circonstances à la charge des commissaires ; mais

il oublie de rappeler que dans l'Ariége , département censuré, M. Rouaix a renoncé à toute indemnité ; que la plupart des dépenses blâmées n'ont
pas été liquidées par le Gouvernement provisoire,
qui n'en peut donc être financièrement responsable ; que des compagnies de chemin de fer avaient
offert de faire des transports dont elles ont ensuite
réclamé des prix considérables , etc. Mais si ,
comme je l'ai dit , le dernier rapport présente des
o missions, il présenteausside nombreusesadditions.

Ainsi, entr'autres choses , le rapporteur ajoute
aux crimes de M. E. Olivier, celui « d'avoir com-
» battu ouvertement et publiquement par ses ac-
» tes, par ses discours , par ses publications la
» candidature de l'honorable M. Thiers ! » — Il
modifie un passage du premier rapport pour laisser
croire, malgré l'offre publique de la preuve du
contraire, que le *National* a fourni des fonds pour
la police de l'Hôtel-de-Ville ; il avoue , dans une
petite note, que M. Marrast a remboursé au trésor
ce que la loi du cumul ne lui permettait pas de
conserver; mais il laisse subsister en gros texte
cette accusation de cumul déjà démentie.

En 1849 , M. Ducos avait avoué qu'en Février 1848 les finances « de la France se trouvaient
» aussi chargées qu'elles pouvaient l'être... ».

En 1851, M. Ducos nous dit :

« La société semblait pacifiée , l'ordre régnait
» partout : la loi fondamentale de l'Etat, la Charte
» de 1830 n'avait reçu aucune atteinte et n'était
» menacée d'aucune violation.... ».

En écrivant ces éloges du gouvernement de

MM Guizot et Duchâtel, M. Ducos avait donc perdu la mémoire? Il ne se rappelait donc plus ses sentiments de 1848?

« .....La royauté de l'élection, disait-il, a eu
» son tour : fondée par le peuple, elle a été brisée
» *par le peuple*, parce qu'elle a *renié* son origine et
» *violenté* le vœu national..... Ces hommes (l'oppo-
» sition dynastique) ont été les premiers éclaireurs
» de ce qu'un illustre citoyen a appelé *la révolution*
» DU MÉPRIS. En présence de........ ces naufrages
» sur les mêmes écueils et par les mêmes cau-
» ses, ne sent-on pas naître dans les cœurs le
» désenchantement ou le *dégoût* de toutes les mo-
» narchies?..... Le Gouvernement provisoire a
» accepté résolument la périlleuse mission de ré-
» organiser notre société ébranlée et de la préserver
» de l'anarchie..... Au nom de tous les principes
» constitutifs de la société, au nom de l'ordre et de
» la liberté, au nom du travail, au nom de la reli-
» gion, élevons *vers les citoyens éminents* qui ont
» donné à la patrie leur poitrine et leur cœur, le
» tribut solennel de notre reconnaissance et de nos
» respects; associons nos efforts aux leurs, secon-
» dons les intentions qui les animent..... Accom-
» plissons nos destinées : ne nous laissons pas arrê-
» ter par des scrupules tardifs ou de coupables
» hésitations. LA ROYAUTÉ EST ABOLIE : *quiconque*
» *tenterait sa restauration* serait responsable en-
» vers le pays d'un crime de LÈSE-NATION ».

M. Ducos disait encore AUX OUVRIERS en 1848 :

« Les idées de liberté, d'égalité, de fraternité....
» n'attendaient qu'une occasion pour se développer
» et se mettre en pratique. Elle se seraient tôt ou
» tard emparées pacifiquement des rênes de la po-

» litique française, *si l'excès de la résistance* qui
» leur était opposée *par un pouvoir aveugle et*
» *obstiné* n'avait pas *obligé* le torrent à briser la
» digue qui voulait l'arrêter ».

Le même jour, M. Ducos, qui a voté la loi qui
enlève l'exercice du droit de citoyen à trois millions
de Français, disait encore AUX OUVRIERS :

« La première conquête du peuple est donc
» celle de l'*égalité*, non point cette égalité men-
» teuse qui n'était elle-même qu'un *privilége* véri-
» table, mais cette égalité *réelle, complète, loyale*
» *qui n'a d'autres limites que celle de l'âge, de la*
» *possession des droits civils* et des garanties que
» toute société organisée doit légitimement, dans
» l'intérêt de tous, réclamer de chacun de ses mem-
» bres.... ».

N'allez pas croire que, par ces derniers mots,
M. Ducos voulût parler, par avance, de la condi-
tion des trois ans de domicile et des autres entra-
ves de la loi du 31 mai ; il ne parlait que des *con-*
damnés. Il ajoutait, en effet :

» En résumé, *citoyens travailleurs*, disons avec
» le Gouvernement lui-même, dans le *Moniteur* de
» ce matin :

» L'élection appartient *à tous sans exception.* A
» dater d'aujourd'hui il n'y a plus de prolétaires en
» France. *Tout* Français en âge viril est *citoyen po-*
» *litique. Tout citoyen est électeur* ; tout électeur est
» souverain. Le droit est égal et absolu *pour tous.*
» Il n'y a pas un citoyen qui puisse dire à l'autre :
» Tu es plus souverain que moi ».

Et cependant le même homme qui, en plein club,

devant huit mille témoins lisait ces professions de
foi, a voté les lois contre les réunions électorales,
contre la presse, contre l'enseignement, a voté la
loi du 31 mai ! La même plume qui écrivait ces
adresses aux OUVRIERS a écrit, en 1851, le « Rapport sur les Comptes de 1848 ! » M. Ducos parle
des hontes de cette époque..... Oui, il y a eu des
hontes, celles des palinodies, celles des apostasies ;
mais ce n'est pas la démocratie qui en rougira
devant la postérité.

SIMIOT.

Juillet 1851.